PRE-STEP
09

プレステップ

神道学
〈第2版〉

國學院大學神道文化学部/編

弘文堂

はじめに

「神社・神道への関心が国内外で広がっています。」

　これは平成 23 年（2011）に刊行された『プレステップ神道学』初版の「はじめに」の冒頭に記されている文章です。

　それから 10 年以上の歳月が経ち、神道・神社への関心は国内外でさらに広がり続けており、新たな高まりも見せています。都市化が進む現代日本の社会や私たちの生活との関わりの中での神社のあり方は、個人の信仰・心情に基づく元来のかたちから、御朱印ブームや聖地巡礼といった社会的な現象まで多様化してきています。神道・神社はより身近なものとなり、神道の入門書や概説書も、10 年前に比べるとはるかに多く出版され、インターネットを通じて全国の神社に関する情報が得られるなど、神道・神社のことをいつでも学び、知ることができるようになりました。

　今回、國學院大學神道文化学部では、学部開設二十周年を記念して、『プレステップ神道学』第 2 版を出版することにしました。本書の編集に当たっては、令和 3 年度（2021）に在籍している学部教員が各章やトピックの執筆・改稿を担当しています。また、この 10 年の神道・神社を取り巻く状況の変化を踏まえて、現代の神道・神社にまつわる事柄についても充実させました。

　本書が導入教育のために作成されたものであることは、これまでと変わりありません。本書を通じて神道・神社にさらなる関心を持った人は、ぜひ自分で詳しく調べてみて、神道・神社に関する知識や理解を深めていってください。

　それでは神道学の世界にご案内いたしましょう。

編 者

序　神道を学ぶということ

神道とは

　神道を一言で説明することは難しいと言われます。現に全国には現在約八万社の神社が鎮座し、「八百万の神々」と呼ばれるように、文字通り数多くの神々が奉斎されています。神社への信仰は多種多様であり、同じ神々をまつる神社間であっても一社ごとに異なる信仰を有し、あるいは一社の中でも信仰の形態が歴史的に変化してきています。

　また、神道には確定した教祖・教典・教義がなく、一般に「宗教」として認識されることも多くないようです。実際に、初詣などで神社へお参りしても、それを「宗教行為」と思う人は少ないでしょう。

　こうした神道の性格は、神道が日本固有で古来の民族信仰であることに基因するものと言えます。神道は日本で自然発生的に生じた信仰であり、その信仰は皇室や国家から地域社会に至るまで、それぞれの慣習や風土に基づいて展開・発展してきています。「宗教」の意識が希薄なのも、神道が日本人の社会習慣や生活様式を基盤に成り立っているためと見ることができます。

神道の多様な信仰形態

　神道は民族信仰としての性格を有しつつ、長い歴史において、各地域の慣習・風土によって変化や発展を遂げ、あるいは仏教や儒教、道教といった外国の思想・信仰と交わることにより、多様な形態を取りながら今日にいたっています。

　日本では自然との共生に基づく神々への信仰から、人々の生活文化が育まれ、国家や社会が形成されました。この信仰の核となる場が神社です。神社はそもそも氏神や土地神を奉斎する氏族・地域の共同体の「公的」な祭りが行われる場でした。それがやがて個人の願いも受け入れる性格が付与され、霊験あらたかで知名度の高い神社の神々の分霊が各地に勧請されることで、人々の「私的」な信仰の場ともなりました。

　公私両面の信仰の場となった神社が、皇室・公家・武家から庶民まで広く信仰・崇敬を集めていくなかで、歴史を通じて多様な信仰形態があらわれていきます。神話に登場する神々を奉斎する神社や、氏神・産土神・鎮守神を奉斎する神社、さらに時代が下ると人を神として奉斎

する人霊祭祀が広まり、実在の人物を奉祀する神社が数多く創建されます。また、現代ではサブカルチャーを通じた神社と人々との新しい関係も生まれてきています。

　時代の経過とともにあらわれる神社の様々な形態は、各時代の人々の信仰のあらわれでもあり、日本の歴史を通じて人々の信仰を顕在化したものと見ることができます。

基層信仰としての神道

　このように様々な信仰形態をもった神道は、一方で日本文化の精神的基盤としての性格を有し、日本人のアイデンティティと深く結びついています。

　神道の主柱は、人々の間で古来一貫して保持してきた神々が宿る自然への信仰です。外国文化の影響や社会経済の発展を受けて、神道・神社が様々な形態を取りながらも、その根底には人々が日々の暮らしの中で抱く神々と自然への祈りや感謝の気持ちがあり、それゆえ時代の経過とともにあらわれた様々な姿は、人々の信仰が各時代に相応しいかたちで表現されたものと捉えることができます。こうした人々の間で共有される神々と自然への想いこそ日本文化の核心であり、日本人の基層信仰なのです。表層的な変化の下にある、基層信仰としての神道の性格を見逃すことはできません。

　歴史とともに変化してきている信仰の顕在化としての神道や神社の諸相に注目するだけではなく、普遍的・持続的な基層信仰としての神道の性格について理解する姿勢もまた、神道を学ぶ上で必要であると言えるでしょう。

本書の構成

　本書では、まず「Ⅰ　さまざまな角度からみる神道」と題して、古典・神話・考古学の各視点から、神道や神社がどう捉えられているかを見ていきます。

　続いて「Ⅱ　歴史からみる神道」では、古代から近代まで、神道の思想や神社の形態・信仰がいかなるものであったかを通観します。

　「Ⅲ　現代社会からみる神道」では、現代における神道・神社にまつわる新たな文化や、将来に向けての神道・神社を取り巻く問題を取り上げます。

　「Ⅳ　祭りからみる神道」では、民俗学から見た神道の祭りのほか、神社の祭りでの作法や装束・調度などの知識を学びます。

　神道学は実践的な学問でもあります。本書で神道の基本を学んだ後、神社にお参りすると、それまでは気づかなかった新たな発見があるでしょう。本書で学んだ知識をもとに、神道・神社をさらに深く理解していくことにつなげていってください。

第1章

古典からみる神道

I さまざまな角度からみる神道

松本 久史

| 事前学修 |

長い歴史を持つ神道を知るためのアプローチは多様です。この章では奈良時代から平安中期の古代の神道を記した書物にはどんなものがあるのか、そして、そこに描かれたさまざまな神道の姿を紹介し、古代の人々がどのようにカミを信じ、マツリを行っていたのかを探ります。

　まず、この章を読む前に、みなさんが高校までで学んだ日本史や古文などの授業を通じて、古代の人々がカミに対して持っていた信仰や畏敬の念を示す具体的な事柄があったかを考えてみてください。たとえば、古代の仏教については、日本史では仏教の公伝や聖徳太子の信仰、最澄や空海などの宗派の開祖、古文では『今昔物語』のような仏教説話で極楽浄土への信仰が取り上げられているように、様々な出来事、人物、概念などが浮かびます。では、神道はどうでしょうか。意外と思いつかない、という人も多いでしょう。

　そもそも、神道は共同体の中で慣習的に受け継がれてきたマツリなどの行為に参加することを通じ、信仰が表されるという特徴があるため、古代では自覚的・主体的に神道を語っていくという営みはほとんどありませんでした。しかし、それらを残された文献から探ることは決して不可能なことではありません。この章では『古事記』や『日本書紀』に代表される古代の文献にみられる、人々のカミに対する信仰の記述を紹介することによって、古代の神道の姿を浮き彫りにしていきます。

國學院大學の「神殿」
昭和5年（1930）に國學院大學構内に鎮座。天照大御神を主神とし、天神地祇八百万神を奉祀する。

神道古典とはなにか

　キリスト教の『聖書』・イスラム教の『クルアーン（コーラン）』のように、世界の諸宗教には依拠すべき経典・聖典がありますが、古代の神道には教えや戒律の遵守などを目的にした書物はありません。ですから、『古事記』・『日本書紀』であっても、神々の伝承や日本の国の歴史を記述することが本来の目的であって、神道の経典として作られたわけではありません。しかし、平安時代中期までに書かれた様々な記録には、古代の神道の実態を知るための記述が数多く見られ、それらの関連文献を**神道古典**と呼んでいます。

◆ 古事記と日本書紀

　『**古事記**』は、和銅5年（712）、元明天皇の命を受けた**太安麻呂**が、天武天皇の時代に舎人の**稗田阿礼**が読み習った古えの伝承を文字に記録し、編纂しました。上・中・下の3巻からなり、上巻は神代、中巻は神武天皇から応神天皇、下巻は仁徳天皇から推古天皇までの事績が描かれています。まとまった書物としては日本に現存する最古のものです。

　『**日本書紀**』は、養老4年（720）、元正天皇の命を受けた**舎人親王**が中心となり、編纂されました。全30巻からなり、第一・二巻は神代が当てられ、第三巻の神武天皇以降、第三十巻の持統天皇に至る歴史が記録されています。別に系図が1巻あったとされますが、現存していません。

　天地開闢にはじまる神代や神武天皇以降の歴代天皇の伝承を記録するという点で両書は共通しているのですが、なぜ、短期間にこの二つの書が編纂されたのでしょうか。そこには、大宝元年（701）に大宝律令が制定され、和銅3年（710）には平城京に都が定められて、まさに中央集権的な国家体制を確立しようとしていた当時の朝廷の意図が考えられます。口伝えで継承された日本という国の歴史を文字に記録する必要を感じていたのです。

　日本書紀は外国、当時の唐を強く意識して編纂されています。文体は外国語である漢文で記述され、神武天皇以降の出来事は年月日に干支が付けられています。本文は正文である「本書」に、異なる伝承を参考・注釈としての「一書」が併記される構成であり、外国文献も引用されるなど、いわば客観的な歴史の叙述を目指しているといえるでしょう。新羅・百済などの朝鮮半島各国との交渉が詳細に記され、その中には欽明天皇の時代の仏教公伝も含まれます。

　一方の古事記は全体の構成としては神代の比重が高く、文体も日本語を生

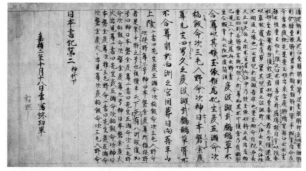

『古事記』上巻
筆写者は近世前期の吉田神道を代表する神龍院梵舜（1553〜1632）。『古事記』の写本は『日本書紀』などと比べると数が少なく、中世以来卜部（吉田）家に伝来された系統の写本である。〔國學院大學図書館蔵〕

『日本書紀』巻第二　神代下
『日本書紀』巻第二　神代下の最古の写本の一つ。奥書から「嘉禎本」と呼ばれる。また、賀茂御祖神社（下鴨神社）の社家である鴨脚家に伝来したことから「鴨脚本」とも称される。「一書曰」に始まる異伝が小書双行で筆写されていることが特徴であり、平安前期に遡る古写本である佐佐木本・四天王寺本の断簡から、この形態が『日本書紀』の古態であることが明らかになっている。このことから、本資料は卜部（吉田）系の『日本書紀』以前の形を残す写本であるとされる。〔國學院大學図書館蔵〕

かすためにわざと崩した漢文になっています。神武天皇以降の記述もほとんど干支は記されず、朝鮮半島の交渉の記事も簡潔なものになっており、儒教の記事はありますが、仏教公伝は記されません。登場する神や人々の歌謡の掛け合いで進行していく歌物語としての要素も強く、口伝えの伝承を色濃く残しています。

　日本書紀が対外的意識を持った国家の正式な歴史という性格に対し、古事記は皇室や氏族に古くから伝えられてきた物語を再構成して文字に記録する性格が強く現れているとも考えられます。

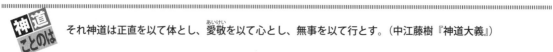

神道ことのは　それ神道は正直を以て体とし、愛敬（あいけい）を以て心とし、無事を以て行とす。（中江藤樹『神道大義』）

　『日本書紀』は国家の正史として、朝廷で重視され、平安時代初期には、約30年に一度、学者たちによる**日本紀講筵**と呼ばれる公式な講義が朝廷内で催されました。以降、近世に至るまで、特に神代上・下2巻は神道の古典として、学者や神道家に第一に重視される書物としての地位を占めます。一方の古事記は、それほど尊重された形跡はほとんどありません。『日本書紀』の写本は多く伝来していますが、『古事記』の写本は少なく、最古のものは南北朝時代の**真福寺本**と呼ばれるものです。『古事記』が再び注目されるのは18世紀の**国学**の登場を待たなければならなかったのです。

◆ 風土記

　風土記は「ふうどき」ではなく、「ふどき」と読みます。和銅6年（713）5月2日に、朝廷から日本各地の産する鉱物、動植物、土地の肥塉、山川の名所の由来、古老の伝説などを記録して報告せよという布告が出されたことに始まります（『続日本紀』）。同時代に成立した記紀が国家や皇室の歴史を伝えようとしたのに対し、風土記は地方の古伝承を記録することが目的であったので、地域の古代の神道を知る貴重な記述を見ることができます。

　風土記の作者ですが、上記の朝廷の命令は、現在の知事に相当する国司に伝えられて、その命令を受けた地方の官人（役人）が作成したと考えられます。おそらくは中央の役所や地方の役所に各々が参考資料として保存されていましたが、時代が下るにつれてそれらは次第に失われてしまいました。残存する風土記は常陸国（茨城県）、播磨国（兵庫県）、出雲国（島根県）、豊後国（大分県）、肥前国（佐賀・長崎県）の**五風土記**のみになっています。

表1　風土記一覧

国名	制作年代	作（編）者	特徴
常陸国	不明	石川難波麻呂・春日老？　藤原宇合・高橋虫麻呂？	景行天皇や倭健命の東国における独自の伝承が描かれている。
播磨国	不明	楽浪河内？	地名の由来の伝承が豊富である。出雲の神々も登場する。
出雲国	733年（天平5）2月30日	神宅臣金太理・出雲臣広嶋	須佐之男命や大国主神の活躍が、出雲の視点から描かれている。
豊後国	732〜739年（天平4〜11）？	不明	景行天皇の行幸伝承が見られ、地名伝承とも関連している。
肥前国	732〜739年（天平4〜11）？	不明	
逸文：摂津、山城、伊勢、尾張、駿河、相模、陸奥、越の国、丹後、伯耆、美作、備中、備後、淡路、阿波、伊予、土佐、筑紫、筑前、筑後、日向、大隅、壱岐			

※逸文の範囲は植垣節也校注・訳『風土記』（小学館、1997）に依拠した。

解説　神道は正直を根本とし、愛と敬いを精神として、何事も起きないように行動することである。『神道大義』は江戸時代前期の儒学者である中江藤樹が実践的な神道のあり方を説いたもの。

なお、後世の様々な書物に引用されて残った各国の風土記の記述を**風土記逸文**といい、現存する五つの風土記とともに尊重されています。

◆ 古語拾遺

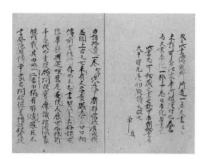

『古語拾遺』
筆写は 10 頁と同様に神龍院梵舜によるものである。和古書の収集家で著明であった英国人学者、フランク・ホーレーの旧蔵本でもある。〔國學院大學図書館蔵〕

『**古語拾遺**』は平安時代初期の大同 2 年（807）2 月 13 日に**斎部広成**によって編纂されました。その目的は中臣（藤原）氏の力が朝廷で次第に強くなり、神代から朝廷の神事に中臣氏と一緒に仕えてきた氏族である斎部氏や猿女君などが排除されつつあったことに異議を唱えるためでした。そのため、「記紀」には見られない斎部氏独自の神話や古伝承が記録されています。本書では天照大神の天の岩戸隠れの時に、斎部氏の祖神の天太玉命が、中臣氏の祖神天児屋命、猿女君の祖神天鈿女命とともに主要な神として活躍し、天孫の天津彦尊とともに天降ったとされています。天照大神が岩戸からお出ましになり、世界中が再び明るさを取り戻した時、神々は大喜びして「あはれ　あな面白　あな楽し　あなさやけ　おけ」と叫んで歌い舞ったというなど、記紀にはない記述があります

本書に見える斎部氏の主張がすべて正しいとは限りませんが、8 ～ 9 世紀の律令制国家の中で勢いを伸ばしつつあった中臣（藤原）氏と、対照的に没落していく他氏という構図が見られ、このことは神事においても多くの影響があったことが推測されます。

◆ 万葉集

『**万葉集**』は日本最古の和歌集です。仁徳天皇の后である磐之媛の歌から奈

昔話のルーツ
浦島太郎、本名は筒川嶼子？

「浦島太郎」は誰もが知っている有名な昔話ですが、これは『丹後国風土記逸文』がもともとのお話なのです。雄略天皇の時代（5 世紀中後期頃）、与謝郡日置里（現在の京都府宮津市日置）に住む「筒川嶼子」、あだ名は「水江の浦の島子」という青年が主人公です。浜辺でいじめられている亀を助けたところ、お礼に海底にある竜宮城に連れて行かれて、乙姫様と楽しい時を過ごすというのが現代のストーリーですが、『丹後国風土記逸文』では亀が女性に変身して、天宙に浮かんでいる「蓬莱島」というところへ島子をいざない、楽しい時を過ごすことになっています。そしてその女性の名前は「乙姫」ではなく「亀姫」といいます。みんなの知っている昔話が非常に古い由来を持っていることがわかったでしょうか。中国の道教風なレトリックが使われていますが、これも風土記に多く見られる神と人との交渉の 1 つと見ることができるでしょう。その他にも風土記には「天羽衣」や「因幡白兎」などの昔話のルーツが記録されていますので調べてみると面白いでしょう。

神道は本を立て、世を助け、人を救ふ、この三つより外にあることなし。（大国隆正『天都詔詞太詔詞考』）

表2　万葉集の和歌の分類

❶相聞 （そうもん）	男女の恋愛を中心テーマとする歌です。恋愛の成就や、旅の夫の無事を神に祈る姿が窺われます。	
❷挽歌 （ばんか）	死者をいたむ歌です。古代人の他界観が垣間見えます。それは天上であったり、山であったりと多様です。	
❸雑歌 （ぞうか）	『万葉集』ではその他の歌という意味ではなく、宮廷の年中行事や儀式が読み込まれ、それらの由来などが歌われています。	
❹東歌 （あずまうた）	東国の作者の和歌が集められています。そのなかには、九州で兵役についた防人の歌も含まれます。当時の方言がそのまま収録され、民衆の信仰を知ることができます。	
主要な作者	額田王（ぬかたのおおきみ）、柿本人麻呂（かきのもとのひとまろ）、山辺赤人（やまべのあかひと）、大伴旅人（おおとものたびと）、大伴家持（おおとものやかもち）、坂上郎女（さかのうえのいらつめ）など	

良時代中期の天平宝字3年（759）正月の大伴家持（おおとものやかもち）の歌まで全20巻、約4500首が掲載されています。奈良時代末から平安時代の初期に現在の形が成立したと考えられ、編者は不明です。天皇をはじめ、東国の名も知れぬ防人にいたるまで、男女幅広い階層・年齢の人々の歌が記録されています。恋愛をはじめとしたさまざま感情が、風景や出来事に事寄せて述べられていますから、その中に神々に捧げた信仰の感情もストレートに表現されています。

　皆さんは和歌といえば、5・7・5・7・7の定型を持った日本固有の詩であると理解していると思います。しかし、神道とはいったいどんな関係があるのでしょうか。最初の勅撰集（天皇が編纂を命じた和歌集）である、『**古今和歌集**（こきんわかしゅう）』で、『土佐日記』の作者でもあった編者の**紀貫之**（きのつらゆき）は序文（仮名序）で、和歌には目に見えない神をも感動させる力がある、と書いています。また、須佐之男命（すさのおのみこと）が八俣遠呂知（やまたのおろち）を退治した後に詠んだ「八雲立つ　出雲八重垣（いずもやえがき）　妻籠みに　八重垣作る　その八重垣を」の和歌が、記紀で一番最初に見える詩歌であることから、神様が詠んだ和歌が人の世にも受け継がれたのだと信じられるようになったため、神道を知るためには和歌を学び、作ることが必要なのだと考えられていったのです。また、江戸時代に国学者の**賀茂真淵**（かものまぶち）[*1]（1697-1769）は、『万葉集』の研究を進めて古代人の心を読み解き、おおらかで飾ることない精神を発見し、そこには「自然（おのずから）の道」、すなわち「神の道」があることを主張しました。

❏ **延喜式祝詞**

　祝詞（のりと）は、神社の祭りなどの時に、神職が神前で神様に祈願や感謝を申し上げる言葉をいいます。現在の神社で模範とされる、いわば祝詞の古典は、平安時代の延長5年（927）に成立した法律書『**延喜式**（えんぎしき）』巻八に記載されている27編の祝詞です。まとまった祝詞の記録としては最古のもので、**延喜式祝詞**、**式祝詞**などと呼ば

＊1　賀茂真淵については第7章参照

『延喜式』巻八
兼永本、16世紀、大祓の部分。式とは律・令・格の施行細則を編集した古代の法典。延喜5年（905）に編纂が開始され延長5年（927）に完成奏上された。『延喜式』の巻九・十に記載された2861の官社のことを式内社という。〔國學院大學図書館蔵〕

解説　神道とは根本を重視し、社会に貢献し、人のために奉仕する、この三つの外には何もない。
大国隆正は幕末から明治にかけての国学者。『天都詔詞太詔詞考』は大祓詞の注釈書。

延喜式祝詞の一例

祈年祭祝詞（一部）　本文

御年皇神等能前尓白久、皇神等能依左（すめがみたちのよさ）

志（し）奉牟奥津御年平（たてまつらむおきつみとしを）、手肱尓水沫画垂（たなひぢにみなわかきたれ）、向（むか）

股尓泥画寄弖取作（ももにひぢかきよせてとりつくら）牟奥津御年平（むおきつみとしを）、八束（やつか）

穂能伊加志穂尓皇神能依左志奉者（ほのいかしほにすめがみのよさしまつらば）、初穂（はつほ）

乎（を）波千穎八百穎尓奉置弓（はちかひやほかひにたてまつりおきて）、瓱閇高知（みかのへたかしり）、

瓱腹満双弓（みかのはらみてならべて）、汁尓母穎尓母（しるにももたたなごとをまつら）称辞竟奉

　　牟（む）

訳文

　稲作をつかさどる御年の尊き神様たちの前に申上げますことには、神様のお恵み下さる最上のお米を、腕のヒジから水滴が滴り、太ももに泥をかき寄せて田植えをして作る最上のお米を、長く大きな、たわわな稲穂としてお恵み下さいましたならば、最初の収穫はどっさりと神様に奉って、お酒にも、稲穂のままでも、神様をたくさん並べて、称え申し上げて奉ります。

れています。祝詞は動詞の活用の語尾や助詞が小さな万葉仮名で書くのが特徴で、これを**宣命書**といいます。間違いなく音読するため工夫されたもので、現在も祝詞は宣命書で書きます。延喜式祝詞は「〜宣る」で終わる祭祀に参列した人々に対して述べる**宣読体**と、「〜申す」で終わる神様に対して申上げる**奏上体**に区分されます。

　式祝詞の記述は、おおよそ①神の名・徳を称える②祭りの起源・趣旨を述べる③幣帛・神饌を備える④祈願を述べる、という内容で構成されています。このことから、それぞれの古代の祭りがどのような目的を持ち、どのような祈願が込められていたのかを知ることができます。

　以上のほかにも、平安時代初期には神道古典としての価値を持つ文献が存在します。そのいくつかを簡単に紹介します。

◆ 延暦儀式帳

　延暦23年（804）、伊勢神宮の創建、奉仕氏族、祭祀の由緒や次第、社殿や境内などの概要が記され、朝廷に献上されたものです。内宮のものは『皇太神宮儀式帳』、外宮は『止由気宮儀式帳』と呼ばれます。伊勢神宮の最古の文献であるとともに、外宮が雄略天皇の時代に鎮座したという記紀にはない記述も見られます。

◆ 新撰姓氏録

　弘仁6年（815）、嵯峨天皇の命を受けた万多親王によって編纂された、1182氏の氏族の系譜を皇室の子孫である皇別、神々の子孫である神別、外国から渡来した諸蕃に区分して集成した書です。系譜のみならず、各氏族が持って

神道ことのは　上下各々其の職分をまもり、家内正しく濫りならず、一和して世をわたるが神道でござる。

（大国隆正『神道みちしるべ』）

いた記紀にみられない古い伝承も記録されています。残念ながら、現存のものは完全ではない抄本であると考えられています。

◆ 先代旧事本紀

本書は聖徳太子と蘇我馬子が編纂したものと信じられ、記紀よりも前に成立した最古の書と認識され、中世から近世前期までは記紀とともに**三部の本書**として、尊重されていました。しかし、実際にはおそらく9世紀後半期頃までに、物部氏と関係の深い人物が作成したと考えられています。7世紀の作成とは、明らかに偽りですが、物部氏の祖神**饒速日命**の伝承や、地方の豪族である国造の系譜の記事など、参考とすべき記述が見られます。

◆ 新撰亀相記

卜部遠継が天長7年（830）に編纂したとされます。完全な形では伝わっていませんが、古代神祇官で占いをつかさどった卜部の伝承がうかがえます。『古事記』を引用しつつ、神代の占いの由来を記述している特徴があり、延喜式の**鎮火祭**祝詞とも共通する伝承が見られます。

神道古典からみる神々の姿

古典の中の神々は喜怒哀楽の表現が非常に豊かで、われわれ人間とさほど違いがなく、神と人とは近しい間柄であると考えていたことがわかります。

◆ 神聖な国土観

天橋立
京都府宮津市江尻から対岸の文殊に向かって突き出した幅約20〜170m・全長約3.6kmの砂州。宮津湾を外海と内海の阿蘇海とに分ける。

記紀では、国土は伊邪那岐命・伊邪那美命の二柱の神様によって生み出されたとされています。『出雲国風土記』には出雲国が小さいのをみて、大きくしようと神様が周囲の国々の余分な土地を切り取り「クニコ、クニコ」（国よ来い来い）といって引っ張ってきたという**国引き**伝承があります。また「祈年祭祝詞」を見ますと「狭き国は広く、峻き国は平けく　遠き国は八十綱打掛て引き寄する事の如く」と、つまり、神様が小さな国は広く、山がちの国は平らに、遠い国は綱で引き寄せたという表現が見られます。他にも、「日本三景」のひとつとして有名な京都府宮津市の**天橋立**は『丹後国風土記』逸文によると、伊射奈芸命が天に通うためのハシゴを作ったが、それが倒れたものが今の天橋立であると伝えています。神聖な、神の作った国土という観念は、これらの記述からも古代人には強固なものであったといえるでしょう。

解説　各々が自分のやるべきことをやり、良い家庭を築き、心を合わせて社会で生きていくことが神道である。
『神道みちしるべ』は大国隆正が通俗的に神道の心得を述べたもの。

箸墓古墳
３世紀中ごろの前方後円墳。倭迹迹日百襲姫命の墓と伝えられている。〔国土地理院撮影の空中写真（令和３年〈2021〉撮影）〕

◆ 神婚

　神と人との近しい関係は、両者が結婚し、子どもを作るという話からも理解できるでしょう。これは**神婚**（ヒエロス・ガモス hieros gamos）と呼ばれて、世界の神話の中にも見られる普遍的なモチーフでもあります。『日本書紀』では、三輪山の神が**倭迹迹日百襲姫命**の許に通ったことが記されますが、風土記では、『山城国風土記』逸文の京都府の賀茂社の起源伝承や、『常陸国風土記』の哺時臥之山伝承などように、男神が女性と結婚し、子どもを作るという伝承が見られます。賀茂の場合、生まれた子どもが天に昇り、上賀茂神社のご祭神の賀茂別雷神として祀られますが、哺時臥之山の伝承では母親が甑を投げつけたため、天に昇れず山に留まったとされます。

◆ 神々の争い

　大和三山を男女の神とみなして、香具山が畝傍山に求婚して耳成山と争ったことを中大兄皇子（天智天皇）が『万葉集』に歌っています。

香具山は　畝傍を愛しと　耳成と　相争ひき　神代より　かくにあるらし いにしへも　しかにはあれこそ　うつせみも　つまを　争ふらしき　　（巻1　13）
香具山と　耳成山と　あひし時　立ちて見に来し　印南国原　　　　　　　（巻1　14）

　『播磨国風土記』では三山の争いを仲裁しようと出雲国の阿菩大神が出かけたところ、途中で争いが収まったのを聞き、乗ってきた船を残して出雲へ帰り、船が山になったことが書かれ、中大兄皇子の歌と共通する伝承があったことがわかります。ほかにも、風土記には神々が土地を争ったり、しつこく求婚する男神を女神が拒絶する話など数多くあります。

◆ 荒ぶる神　祟り信仰

　神様はいつも人々に恵みを与えてくれる存在とは限りません。恵みの対極にあるのが**祟り**です。意向に添わなければ容赦なく殺してしまう、神様はそんな恐ろしい存在でもあったのです。記紀には、天孫降臨や倭建命の伝承のように、従わない神々を平定していくことが描かれ、「大祓祝詞」にも「荒ぶる神たちをば　神問はしに問はし給ひ　神掃ひに掃ひ給ひ」と記されていますが、記紀では崇神天皇の時代に三輪山の**大物主神**の祟りにより、多くの人々が疫病で死んでしまったとされ、『備後国風土記』逸文の**蘇民将来**伝承では、神は意に従わない人々を疫病で殺してしまう祟りを見せます。そのような恐ろしい祟りから、神を慰め人間社会を守る方法として、祭りが行われ

蘇民将来
木製の六角形のお守り。無病息災を祈願するために神社や寺院から頂く。他にも「蘇民将来之子孫」と書かれた紙の御札を玄関に貼っておくと悪霊が入ってこないという信仰もある。
〔國學院大學博物館蔵〕

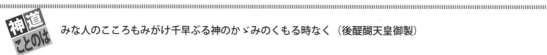

神道ことのは　みな人のこころもみがけ千早ぶる神のかゞみのくもる時なく（後醍醐天皇御製）

たとも考えられます。

祭りと神道古典

祟りを慰める、豊作を祈るなど、祭りの目的は様々ですが、古典からその姿を見てみましょう。

出雲大社
主祭神は大国主神。古代には神殿の高さが48m近くあったと伝えられている。平成12年（2000）には三本の柱を束ねた宇豆柱が発見された。

◪ 祭りの場

『万葉集』や風土記には**カンナビ**（甘南備）や**イワクラ**（磐座）といって、山や岩石に神様が鎮座しているという伝承が数多く見られます。神社の社殿に神様がいつもいらっしゃると思われていますが、古代では必ずしも神様が建物の中にしずまっていると考えられていたわけではないようです。しかし、出雲大社は記紀の**国譲り伝承**で天皇の宮殿と同じように壮大な建物が造営されたことが記され、特別なものと考えられていたようです。

◪ 祈願と占い

『万葉集』のなかで山上憶良が、自分の子どもが病気になり、「白妙の　たすきをかけ　まそ鏡　手にとり持ちて　天神　あふぎこひのみ地祇　ふして額づき」（巻5　904）、と歌われているように、一心不乱に神に祈るさまは現代と変わることはありません。しかし、古代人は現代人よりもいっそう切実に神へ祈りを捧げていたことでしょう。『万葉集』には旅の安全を祈って、妻が夫の衣の紐を結んだり、途中の神々に幣帛を捧げ、草を結んだりする風習があったことが見られます。また、庭の神様である阿須波神は祈年祭祝詞にも記され、宮中に祀られていましたが、防人歌にも「庭中の　あすはの神に　小柴刺し　吾は斎はむ　帰りくまでに」（巻20　4350）と詠まれ、同じように阿須波神に祈りを捧げる東国の庶民の姿が窺われます。

> 君が代も　わが代も知れや　磐代の　岡の草根を　いざ結びてな
> 　　　　　　　　　　　　　　　　　　　　　　（巻1　10　中皇命の歌）

記紀では、国生みに際し、伊邪那岐命・伊邪那美命はともに神の意向を探るために**占い**を行いました。神祇官には占いを専門とする**卜部**という役人が置かれていました。鹿の骨や亀の甲羅を焼き、ヒビの入り方で占う「卜兆」が広く行われていたと考えられますが、『古語拾遺』には「片巫」、「肱巫」という占いが見えます。「片巫」は「シトトドリ」と注記され、鳥を用いた占

（解説）　神が宿る鏡は曇ることがないことにならって、常に心を磨きなさい。
　　　　　天皇親政を復活させ、朝廷政治の刷新に取り組んだ後醍醐天皇の御製。

い *1、「肱巫」は「竈輪・米占」のことであるとされ、現在でも行われている米を炊いて粥にして麦わらなどを差し込んで、入った米粒で豊凶を占う神事のことではないかと考えられます。

◆ 律令祭祀の起源伝承

祈年祭は稲作をはじめとした農耕の祭りで、2月に行われる予祝儀礼です。**年**とは作物の稔りを意味します。その起源は不明ですが、『古語拾遺』に伝承があります。むかし、大地主神が田植えを始めるとき農民に牛肉を食べさせたところ、イナゴが大発生し、稲を枯らしました。占いの結果、大歳神の祟りであることがわかり、白馬・白鶏・白猪を神に供えると怒りは収まったとされ、祈年祭では大歳社にそれらの動物が供えられ、祝詞にも唱えられています。

新嘗祭は11月に、天皇自らが神様に神饌をさしあげる、収穫祭の意義を持つ重要な祭祀です。現在でも宮中や各地の神社で行われており、その日は**勤労感謝の日**として国民の休日になっています。記紀では天照大神自ら新嘗の祭りを行いますが、古代、広く各地で行われていたようです。『常陸国風土記』には富士山と筑波山に祖神が訪ね、宿泊を頼みます。富士山は新嘗の忌籠りをしているからといって断り、筑波山は大事な祖神の頼みであるから受け入れたという伝承があります。『万葉集』では東国の民衆が歌った「東歌」に**にいなへ**、**にへ**が歌われ、屋内に女性が籠って祭りを行っている様が描かれています。『万葉集』では恋歌として男性が訪れることになっていますが、本来は『常陸国風土記』のように、神が来訪して饗応を受け他の人は祭りの場に入ることは禁じられていたことをもとにして、これらの説話や和歌が生まれたのでしょう。

筑波山
茨城県の中央部にそびえる関東の名山。標高877m。筑波山神社は筑波山を御神体と仰ぎ、西峰に筑波山大神（伊邪那岐命）、東峰に筑波山女大神（伊邪那美命）を祀っている。

誰ぞこの　屋の戸押そぶる　新嘗に　わが背を遣りて　斎ふこの戸を

(巻14　3460)

だれがこの部屋の戸を押し揺さぶっているのでしょうか、新嘗の祭りのため夫を外へ出してお祭りしているその戸を。

にほどりの　葛飾早稲を　にへすとも　そのかなしきを　外にたてめやも

(巻14　3386)

葛飾の早稲の新嘗祭りしている最中ではあるけれど、愛しいあの人を外に置いたままでいいのだろうか。

言霊の幸わう国──言葉のちから

ノロクモイ
日本には多様なシャーマンがいるが、ノロは沖縄や琉球の女性シャーマン。豊穣を願い、災厄を払うなどの祭祀を行う。ノロになるための儀式である久高島のイザイホーがよく知られている。（現沖縄県うるま市江洲、昭和10年12月）〔國學院大學折口博士記念古代研究所蔵〕

　万葉集に「言霊の幸わう国」という表現があります。古代人は人の発する言葉に霊力が宿ると考えていたようです。祝詞の「のる」は宣言するという意味ですが、その語源を『万葉集』の「のる」という用例からみると、相手・もしくは本人の名前を「なのる」ことであって、恋愛に関連した事柄に関連しています。古代は自分の名前を相手に告げることは重要なことで、単純に口に出すことではなかったのです。つまり、「のる」は、言葉を用いた霊的な行為という意味が含まれているようです。沖縄には**ノロ**と呼ばれる女性シャーマンがいますが、神霊が憑依、つまり「憑り移る」ことも「のる」と同義かという説もあります。ですから、祝詞はただ祈願を言葉で述べるということに留まらず、それが実現して欲しい、実現するのだという強い信念が言葉によって発せられたものと理解できるのではないでしょうか。

　このように、言葉には霊力がある、とされていた裏づけのひとつには、記紀にみられる**誓約**という行為があります。ある言葉を述べて神に祈りをささげるとそれが実現することなのですが、『出雲国風土記』には、語臣猪麻呂という人がワニ（鮫のこと）に娘を殺されたのに怒り、復讐する為に神に誓いを述べます。するとそのワニが現れ、猪麻呂は復讐を果たすことができたと記されています。これも言葉の持つ霊力を示しています。

｜事後学修｜

> この章を読み、内容を理解したうえで、以下①〜③のいずれかの課題に取り組んでみてください。
> ①「國學院大學デジタルミュージアム」のなかの「万葉神事語辞典」https://d-museum.kokugakuin.ac.jp/manyo/foreword/にアクセスして、『万葉集』における神道に関する用語のうち、興味・関心を持ったものについて調べて、それが詠みこまれた『万葉集』の歌を現代語訳してみましょう。
> ②中臣や斎部、物部など古代の氏族が、「神祇令」に記述される国家の祭祀とどのようにかかわっていたのか、また、どの神道古典に祭祀と氏族に関わる具体的な伝承が記述されているか調べてみましょう。
> ③『古事記』『日本書紀』『出雲国風土記』の三書を比較して、スサノオノミコト・オオクニヌシノカミの性格にそれぞれどのような違いがあるかどうか調べてみましょう。

神話からみる神道

Ⅰ さまざまな角度からみる神道

武田 秀章

|事前学修|

下記の文章を読んで、課題（1）（2）（3）にチャレンジしましょう。

課題（1） 第2章を読んで、神々の物語のアウトラインを押さえよう。

課題（2） 神々の中から、自分の「推し神」を見つけよう。
例　天照大御神

課題（3） 「推し神」の物語を、自分の言葉で語ってみよう。

　「大学に入学して一番よかったことは、『古事記』との出会いでした」。昨年度の卒業式、神道文化学部卒業生の言葉です。

　近年、『古事記』神話を見直そうという動きが、各方面で起こっています。その大きな理由は、益々進む国際化の只中で、「もう一度日本らしさの「根っこ」を見つめ直したい」という人々の思いが、愈々切実になってきたからではないでしょうか。欧米人がギリシャ神話や旧約聖書に親しんでいるのと同様に、私たち日本人も日本神話について熟知する必要があると思います。

　「『古事記』の神話がこんなにも面白いものだったとは……、入学前は想像もつきませんでした」。同じく神道文化学部卒業生の言葉です。

　いかにも『古事記』の物語は、まず何よりも面白い。天照大御神、須佐之男命、大国主神……、原初のいのちを受け継ぐ神々の物語は、底知れぬエネルギーと奔放なバイタリティに満ち溢れています。まずは『古事記』の破天荒なストーリー性の面白さを、素直に楽しむことからはじめてみてはいかがでしょうか。

　「私には『古事記』があります。これから何があっても大丈夫です」。数年前、ある卒業生が、年賀状に記してくれたメッセージです。私は彼女に「日本人には『古事記』があります。何があっても大丈夫です」と返信しました。

　そもそも『古事記』は、本居宣長によって千年に及ぶ忘却の淵からよみがえった「復活の書」です。わが国ならではのキラー・コンテンツ『古事記』が、新入生諸君の大切な心の糧、各々の人生を切り開くかけがえのない力の源泉となることを、心から念じ上げて已みません。

武田秀章「私の一冊『古事記』」（『みちのきち　私の一冊』弘文堂、2018）

日本神話のテーマ

　日本神話のテーマは、「日本の国のおこり」「日本の国の成り立ち」を伝えることにあります。そこに一貫するのは、神々による**国作りの継承**というモチーフです。

　『古事記』神話の物語では、**高天原**（天上）の神々（**天つ神諸**）の「国作りのお言いつけ」（**修理固成のことよさし**[*1]）を承け、親から子へ、親から子へと、「国作り」の使命がバトンタッチされていきます。この過程で、「葦原」が広がる地上の国土は、皇室を奉戴する稔り豊かな農業国家、**豊葦原水穂国**へと生まれ変わっていくのです。

　以下では『古事記』の神話に即して、「日本の国作りの物語」のあらすじを辿り、そこに一貫する「国作りの継承」の筋道を探っていきたいと思います。

＊1　修理固成は「修理り固成な」すこと。「修理」は現在とは違い、「作り上げること」という意味も持つ。「ことよさし」は「言依」で、「詔べられておまかせになった」ということ。

国土と神々の誕生の物語

◆ 国生みと神生み

　『古事記』は、日本のはじまりを、「天地のはじめ」に遡って語り始めます。原初の混沌の中、高天原（天上）において、天之御中主神、高御産巣日神、神産巣日神があらわれました（**造化三神**[*2]）。ムスヒは「産霊」で、生命を生み育んでゆく生成の霊力のことです。

　この産巣日二神の「生成の霊力」の作用によって、葦の芽のような植物的な「いのちの萌芽」が生まれました。いのちの萌しは、しだいに形を整え、雌雄の生命に分かれ、ついに**伊耶那岐命**と**伊耶那美命**という「最初の男女」が誕生したのです。

　天上（高天原）の神々は、この男女二神に対して、下界の漂う国土を作り固めて「国作り」をお始めなさい、と命じました（修理固成のことよさし）。

　このお言いつけをうけ、二神は、**天の御柱**（神聖な柱）を見立て、最初の**結婚**を行います。最初の出産は失敗に終わりましたが、天上の神々のご教示を仰いだ二神は、あらためて互いに讃め讃え合ったのち、再び堅く結ばれたのです。

　こうして「最初の父母」の結合によって、その「生みの子」として、今日の日本列島の島々（**大八島国**）が次々と誕生していきました（**国生み**）。ついで二神は、国土の自然の働きをつかさどる諸々の神々（海の神、山の神、風の

＊2　天地初発のときに最初に成った、天之御中主神、高御産巣日神、神産巣日神のこと。『日本書紀』本書では国常立尊が最初に現れた神とされており、造化三神は一書に記述されているという相違がある。

「天瓊を以て滄海を探るの図」
（小林永濯画）
伊耶那岐命が天浮橋から天沼矛で大海をかき混ぜている様子。矛の先から滴り落ちたものが積み重なって淤能碁呂島という島になった。伊耶那岐・伊耶那美はこの島で多くの神々を産んだ。〔ボストン美術館蔵〕

＊３　記紀の神話では、世界は、天上世界としての高天原、この世としての葦原中津国、そして黄泉国といった他界の三層からなるものと描かれている。
　他界については、本文の「黄泉国」の話の他にも、「根の堅州国」や「底根の国」と呼ばれる地下の国が出てくる。根の国は黄泉比良坂を伝って行く地下の国で、死者や祖霊のこもる場所として描かれている。海のかなたにあるとされる他界が「常世」や「妣の国」で、常世は記紀神話では大己貴とともに国作りした少彦名命が渡ったところとされている。

神、木の神等々）をも、血を分けた「はらから」として、次々と産みなしてゆきます（神生み）。

　男女二神は、もって生まれた「新しい命を産み出す働き」によって、今日の日本列島の島々や、自然の恵みを司るたくさんの神々を産み出しました。国家形成の土台となる日本列島の国土は、こうして誕生したのです。

　伊耶那岐命・伊耶那美命二神の「国生み」「神生み」の物語は、男女がお互いの「成り余れるところ」と「成り合わざるところ」を補い合い、力を合わせて「未来」を作りだすことの大切さを語っています。さらにここでは、男女の神が結婚して、国土と神々を生んだという考え方にも注目しましょう。そこには、国土も神々も、同じように父神・母神のいのちを受け継いだ「はらから」なのだ、という思想が示されています。ここに国生み神話の伝える大切なメッセージがあると言えるのではないでしょうか。

◆「生死の起源」の物語

　ところが、「神生み」の最後にとりかえしのつかない悲劇が起きます。伊耶那美命は、火の神（**火之迦具土神**）を生んで瀕死の火傷を負い、ついに「最初の死者」としてあの世（**黄泉国**）に旅立っていきました ＊3。

　愛する妻の死をあきらめきれない伊耶那岐命は、伊耶那美命を追いかけて黄泉の国（死者の世界）を訪れます。いのちある者が死者の世界に行き、もう死んでしまっていた妻を連れ帰ろうとしたのです。

　伊耶那美命は「黄泉の国の大神に相談するので、その間、どうか私の姿を見ないでください」と言い置いて立ち去りました。しかし伊耶那岐命はその約束を破り、蛆がわく醜い死体と化した妻の姿を目の当たりに見てしまったのです。変わり果てた妻の姿を見た伊耶那岐命は、恐れおののいて逃げ出しました。そのあとを黄泉醜女らが追いかけ、最後に伊耶那美命がみずから追いかけてきます。

　伊耶那岐命は、**黄泉比良坂**（あの世とこの世の境）を、「千引の石」（千人がかりでやっと動かせるほどの大きな岩）で塞ぎました。「死の世界」と「生の世界」を、はっきりと遮断したのです。

　「千引の石」を距てて、二神は離別の言葉を交わし合いました。伊耶那美命は「愛する夫よ、あなたがこういうことをするのであれば、私は毎日、千人の人間をくびり殺します」と言いました。こうしてすべての人間（**青人草**）に、**死の宿命**が定まったのです。

　これに対して、伊耶那岐命は、「いとしい妻よ、それなら私は毎日、千五百

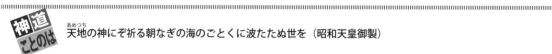

の産屋を建てよう」と答えます。昔の出産は、臨時の産屋を建てて行われていました。1500の産屋を建てるということは、毎日、1500人ずつ新しいいのちを生み出す、ということです。

伊耶那美命の言う「死の宿命の原則」に対して、伊耶那岐命は**生命誕生の原則**を高々と宣言したのでした。伊耶那岐命は、死の世界を訪れたあやまちを乗り越え、この世の国作りと「いのちの連鎖」を担う神として、文字通り「よみがえった」のです。

天上国家誕生の物語

◆ 三貴神（天照大御神・月読命・須佐之男命）の誕生

死の世界から生還した伊耶那岐命は、南国九州の東海岸の地（筑紫の日向の橘の小門の阿波岐原）に行き、「死の穢れ」を濯ぐための禊を行います。

こうして禊による伊耶那岐命の生命力の「よみがえり」の中から、最も貴い三柱の神として、**天照大御神**（太陽の女神）、**月読命**（月の神）、**須佐之男命**（元祖「荒ぶる神」）が誕生しました。伊耶那岐命の「国作り」のあと継ぎたちが、次々と誕生したのです。

伊耶那岐命は、まず長女の天照大御神に、天上（高天原）を治めることを命じました。また月読命には夜の世界を、末っ子の須佐之男命には海原を治めることを命じました。

しかし須佐之男命はとんでもない問題児でした。亡き母を慕って号泣し、地上世界に大干魃をもたらします。ついで天上に昇り、そこでも大暴れします。天照大御神の**営田**（神聖な田んぼ）を壊し、**大嘗聞こしめす殿**（収穫の秋祭りの斎殿）を穢し、また機織りの御殿でも大惨事を引き起こしました。天上の最も神聖な**稲作り**と**祭り**を台なしにする**天津罪**を犯し、高天原を大混乱に陥れたのです。

◆ 天石屋戸の祭りと八百万の神々

須佐之男命の荒ぶる暴力の爆発を畏れた大御神は、ついに「天石屋戸」に引きこもられてしまいます。「太陽の女神」にして世界に秩序をもたらす天照大御神が姿を隠したことによって、天上（高天原）も地上（葦原の中つ国）も、ことごとく暗黒と混沌の中に閉ざされてしまいました。その結果、この世の終わりのような災いが次々に起こったのです。

ここに及んで、天上の八百万の神々は、この一大危機を打開するために立

解説　天地の神々に祈ろう。世界が朝なぎの海のように穏やかで平和な世になるようにと。
昭和天皇御製。昭和8年正月の宮中歌会での御詠。巫女舞「浦安の舞」は、この御歌に舞をつけたもの。

ち上がりました。全員総出で**神議り**（神々の大会議）を開き、一致団結して天照大御神復活の**祭り**を行い、大御神の石屋戸からのおでましをもたらそうとしたのです。

　まず**思金神**（高御産巣日神の子）が謀りごとをめぐらし、天上の鶏が一斉に「夜明け」を告げる時を作りました。ついで大御神を石屋戸からお招きする祭具として、**伊斯許理度売命**が**八咫の鏡**を、**玉祖命**が**八尺の勾玉**を製作しました。**三種の神器**の鏡と勾玉の登場です。

　いよいよ石屋戸の前で、天上の神々の所役分担（役割分担）によって、大御神の復活を願うお祭りが行われます。**布刀玉命**が大真榊に飾りつけた**八咫の鏡と八尺の勾玉**を**御幣**としてご神前に奉り、**天児屋根命**が大御神のお出ましを祈る**祝詞**を奏上しました。

　最後に**天宇受売命**が登場し、神がかりの神楽舞を舞い狂い、それを見て八百万の神々は大笑いに笑いました。絶体絶命のピンチを、天地をとよもす大爆笑のパワーによって乗り越えようとしたのです。

　こうして天上の神々の、心をひとつにした「祭り」と「祈り」をうけて、天照大御神が石屋戸からお出ましになられました。大御神が再び姿をあらわしたことで、天上・地上に、あらゆる生命活動の根源である光のめぐみがよみがえりました。ここに復活した大御神を奉戴する「天上の秩序」が、よみがえるに至ったのです。

◪ 天照大御神の再生と天上秩序の確立

　かえりみれば、当初、天照大御神は、須佐之男命の荒ぶる振る舞いになすすべもなく石屋戸の中に引きこもり、世界を大混乱に落としいれてしまうような未熟な神にすぎませんでした。天石屋戸の物語は、このような大御神が、八百万の神の祭りを承け、**天上国家の主宰神**として、**日の大神**として、見事に生まれ変わる物語だったのです。ここにおいて、新生した天照大御神を奉戴する**天上国家の秩序**が、しっかりと確立するに至った、と言うことができましょう。

天照大御神
天の石屋戸に引きこもっていた大神がお出ましになったところ。手前は神楽を舞う天宇受売命。

地上国家誕生の物語

◪ 須佐之男命の「ヲロチ退治」

　天照大御神を戴く天上国家の確立に呼応して、地上においても、須佐之男命を担い手として、**地上国家形成の端緒**が開かれます。天上から追放された

神の代の神のみふみを神ながらとけとや神の我れに宣りけむ（橘 守部『穿履集』）

24

須佐之男命（歌川国芳画）
ヲロチを退治する須佐之男命。
〔ボストン美術館蔵〕

須佐之男命は、地上の出雲に降り立ちました。こののちの須佐之男命による「ヤマタのヲロチ退治」の物語はあまりにも有名です。

須佐之男命は、出雲の肥の川の川上に降り、櫛名田比売と出会いました。櫛名田比売は、八俣遠呂智なるモンスターの生贄として、今晩まさにその餌食にされようとしていたのです。須佐之男命は、「私は天照大御神の弟なのだ」と名のりを上げ、櫛名田比売を救うために、勇ましく立ち上がりました。須佐之男命は、出雲の国つ神たちを率い、知略の限りを尽くして、未開と混沌の象徴のような巨大モンスターを倒したのです。

ヲロチを倒した須佐之男命が、その尻尾を切り裂いたところ、すばらしい霊剣が出てきました。須佐之男命は、その霊剣を、天上の天照大御神に献上します。須佐之男命は、姉の天照大御神に対して、和解のしるしとして、また服属のしるしとして、この霊剣を奉献したのです。その剣は、のち天石屋戸ゆかりの八尺の勾玉と八咫の鏡と共に、三種の神器の草薙の剣となりました。ここに「三種の神器」が勢ぞろいするに至ったのです。

こののち須佐之男命は、櫛名田比売と結婚し、新居の稲田宮を拠点として、葦原の国土に「五穀豊穣の農耕社会」をもたらす地上国家の国作りを開始したのです。

思えば須佐之男命も、当初は、母恋いの号泣で地上を大混乱に陥れ、また天上をも大混乱に陥れるような「荒れすさぶ神」でした。しかし、ヲロチ退治の試練を乗り越え、また櫛名田比売との結婚、天照大御神との和解によって、**地上国家の国作りの始祖たる神へと、みごとに成長を遂げたのです。

◇ 大国主神と稲羽の素兎

須佐之男命と櫛名田比売の子孫として、大穴牟遅神、のちの大国主神が誕生します。須佐之男命から地上の国作りを受け継いだのは、この大穴牟遅神でした。

しかし大穴牟遅神は、当初、多くの兄弟（八十神）の中で最も虐げられていた惨めな神に過ぎませんでした。このようなどん底の神が、たくさんの兄弟をさしおいて、なぜ国作りを担う神となることができたのでしょうか。その波乱万丈の経緯について、『古事記』は、有名な稲羽の素兎のエピソードから語り始めます。

ある日、八十神たちは、絶世の美女、稲羽の八上比売に求婚するため旅に出ます。かねて八十神から虐げられていた大穴牟遅神は、一行の従者・荷物担ぎとしてお供をさせられました。

白兎神社
のちに神となった因幡の白兎を主祭神とする。

大穴牟知命（青木繁画）
大穴牟遅神を蘇生させる２人の
女神。〔石橋財団アーティゾン
美術館蔵〕

その途中、八十神は騙したワニ（鮫）に皮を剥がれて苦しんでいる素兎と出会います。兄神たちは、悪意からか無知からか、兎にデタラメの治療法（海水につかり、風に吹かれる）を教えました。兎の体は傷だらけとなり、その苦痛はいっそう増すことになってしまったのです。

しかし、あとからやってきた大穴牟遅神は、兎の訴えに懇ろに耳を傾け、正しい治療法を教え（真水で消毒し蒲の花の花粉をまぶす）、兎の肌をすっかり治してあげました。こうして、大穴牟遅神は、他者の苦しみに耳を傾けその病を癒すわざを、国作りの王にふさわしい優しさと叡智を、隠しもっていることが明らかになったのです。

兎は、助けてもらったお礼に、大穴牟遅神と八上比売の結婚を予言しました。果たして姫は、八十神の求婚を退け、大穴牟遅神との結婚を宣言します。ところが、この「衝撃の結婚宣言」は、大穴牟遅神をさらなる逆境の中に突

◖OLUMN

三種の神器とは？

現在、天皇は、憲法によって「国民統合の象徴」として位置付けられています。この一方で、歴代天皇は、神代以来の「天照大御神の正統」を伝えていることを示す「三種の神器」（八尺の鏡・八坂瓊の曲玉・草薙の剣：『日本書紀』の表記）を受け継いできました。「三種の神器」の淵源は、神話にさかのぼります。

八尺の鏡と八坂瓊の曲玉は、「天石屋戸」の物語で登場しました。天照大御神が須佐之男命の乱暴を畏れて天石屋戸に籠もってしまったとき、大御神のお出ましをいただくお祭りの祭具として作られました。

また草薙の剣は、須佐之男命が出雲の地でオロチを倒した時、その尾からあらわれました。それがあまりにも霊威溢れる剣だったので、須佐之男命は、それを天上の天照大御神に献上したのです。

天照大御神は、み孫の邇邇芸命が、豊葦原瑞穂の国の君主として地上に降る際、この「三種の神器」を「皇位のしるし」として授けたのです。とりわけ八咫の鏡は、大御神の魂が宿る「御神体」として、代々お祀りしてゆくことが命じられました。八咫の鏡は、久しく皇居で祀られていましたが、第10代崇神天皇の時代に皇居からお出ましになり、第11代垂仁天皇の時代に、大御神のお告げによって、伊勢の神宮にお祀りされました。これがわが国第一の聖地、伊勢の神宮（三重県伊勢市）の起こりです。八咫の鏡のご分身は皇居にとどめられ、現在も賢所で丁重にお祀りされています。

草薙の剣は、熱田神宮（愛知県名古屋市）にお祀りされています。そのご分身は、八坂瓊の曲玉のご本体そのものと共に、皇居にある剣璽の間に奉安されています。

こうして歴代天皇は、神話に由来する「三種の神器」を、天照大御神の「魂」の宿る大切なご神体として、皇位のしるしの宝物として、大切に受け継いできたのです。

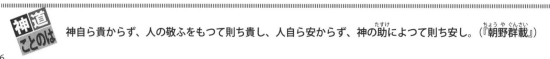

神道ことのは　神自ら貴からず、人の敬ふをもつて則ち貴し、人自ら安からず、神の助によつて則ち安し。（『朝野群載』）

き落とすことになったのです。

八上比売にふられて、嫉妬に狂った八十神たちは、共謀して恋仇の大穴牟遅神の虐殺を企てます。八十神は大穴牟遅神を欺いて罠にはめ、手間の山の麓でむごたらしく殺害しました。

ここで、大穴牟遅神の母神が登場します。息子の死を悲しんだ母神は、天上に参上して、**神産巣日之命**におすがりします。神産巣日之命は、天上から二神の女神を差し向け、よみがえりの薬、**母の乳汁**の作用で大穴牟遅神を復活させました。大穴牟遅神は、こうして母の必死の奔命、天上の神々のご加護を得て、再生することができたのです。

しかし大穴牟遅神の命を狙う八十神の凶暴さ、残虐さはとどまるところを知りません。兄神たちは大穴牟遅神を繰り返し殺しの罠にはめ、執拗にその抹殺を企てます。

◆ 「根の堅州国の試練」の物語

追い詰められた大穴牟遅神は、紀の国の大屋毘古神の指示によって、祖神の**須佐之男大神**のいる地の底の他界、**根の堅州国**へと旅立ちます。それこそは、生来のいじめられっ子が、「大いなる国作りの主＝大国主神」へと飛躍する手がかりを摑むための旅立ちでした。

待ち構えていた須佐之男大神は、大穴牟遅神に数々の恐ろしい試練を矢継早に与えます。すなわち**蛇の室の試練**、**ムカデと蜂の室の試練**、**火攻めの試練**。須佐之男大神の本意は、大穴牟遅神を、自分の後継者にふさわしい、強くたくましい神へと鍛え上げることでした。

これらの試練を、大穴牟遅神は、恋人の**須勢理毘売**（須佐之男大神の娘）や野ねずみの助けによって、ひとつひとつ乗り越えていきます。

やがて須佐之男大神は、大穴牟遅神に、最後の試練、**八田間の大室の試練**を与えます。ここで大穴牟遅神は、大神の油断の隙を突き、恋人の須勢理毘売を背負い、須佐之男大神の宝器である**生太刀・生弓矢・天の詔琴**を奪い取り、根の国からの脱出を図ります。それまで受身一辺倒であった大穴牟遅神が、はじめて主体的かつ俊敏な行動をおこしたのでした。

あとを追った須佐之男大神は、**黄泉比良坂**（あの世とこの世の境界）において、疾走してゆく大穴牟遅神のうしろ姿をはるばると見送りながら、次のように呼びかけます。

「お前がわが手で得た生大刀・生弓矢をもって、八十神をことごとく追放し、お前こそが大国主神となれ。またわが娘須勢理毘売を妻とせよ。わしの

解説　神は人の敬いをもってますます貴い存在になり、人は神の助けによって安心できるのである。
平安時代の詩文・政務の書類を集成した『朝野群載』に収録されている亀山神を祭った時の祭文の一節。

娘婿たるお前こそが、葦原の国作りを受け継ぎ、それを完成に導くのだ。こ奴よ！」。

　こうして大穴牟遅神は、須佐之男大神の言いつけのままに、八十神をことごとく追放しました。そして名にし負う「大国主神」として、須佐之男大神がヲロチ退治によってはじめた「地上の国作り」を、しっかりと受け継いでゆくことになったのです。

◆ 大国主神の国作り

　これ以降、大国主神の国作りは、さまざまな神々の協力と加護を得て進められていきます。その国作りの最大の協力者は、妻の須勢理毘売と、その父須佐之男大神の他界からのご加護です。

　第二の支援者は、海原の彼方からやってきた**少名毘古那神**（天上の神産巣日の御祖命の子）でした。

　第三の支援者は、のちの大神神社（奈良県桜井市）の御祭神、**大物主神**です。大国主神は、「大和の地霊」ともいうべき大物主神の支援を受けて、地上の国作りを完成へと導いていきました。

◆ 大国主神の物語のメッセージ

　大穴牟遅神が大国主神へと脱皮していく物語。それは、最も卑しめられ、虐げられていた者が、次々と襲いかかってくるいじめや試練を、天上・地下の祖神のご加護、母や恋人、動物たちの助けによって、ひとつひとつ乗り越え、「国作りの統領」へと成長を遂げてゆく物語でした。

　大穴牟遅神の成長の物語こそ、『古事記』で最も興趣に富むサクセス・ストーリーと言えましょう。

◆ 大国主神の「国譲り」とは

　こうして地上の国土においては、大国主神による国作りが進展していきます。これを承け、天上の天照大御神は、地上の国土を、さらに稔り豊かな**豊葦原水穂国**たらしめなければならない、とお考えになられました。大御神は、自らの子孫を降し、地上に**天上の秩序・天上の稲作り・天上の祭り**をもたらすべきことを思し召されたのです。そのためには、地上を治めている大国主神に、「国譲り」をしてもらわなければなりません。

　大国主神は、天上から赴いた**建御雷神**の説得をうけ、また息子の**事代主神**の意見にも従い、ついに地上の統治権を天照大御神の子孫（**天つ神の御子**）に譲り渡すことを決意します。

　このとき天つ神は、大国主神を国作りの最大の功労者として処遇し、壮大

神道
ことのは　凡そ神は正直を以て先きとなし、正直は清浄を以て本となす。（度会家行『神道簡要』）

な神殿を造って厚く祀ることを誓いました。これが**出雲大社**の起こりです。ここに「国譲り」が成り、天照大御神の子孫が「地上国家」の王として降るための準備がすっかり整いました。

天孫降臨と日本建国の物語

天孫降臨（狩野探道画）
邇邇芸命が高天原から降臨する様子。〔神宮徴古館蔵〕

わだつみのいろこの宮
（青木繁画）
山幸彦と豊玉毘売命の出会いを描いている。〔石橋財団アーティゾン美術館蔵〕

◆ 天孫降臨

　いよいよ天照大御神のみ孫に当たる**邇邇芸命**が、「地上国家」の「新王」として天降ることになりました。天照大御神は、邇邇芸命に**三種の神器**を授け、**五伴緒**（天石屋戸の祭りで役割分担した諸神）をはじめとする神々を従わせて、下界に旅立せたのです。

　邇邇芸命の一行は、たなびく雲海を押し分けて進み、南九州の**高千穂の岳**（筑紫の日向の高千穂のくじふる岳）に天降りました。邇邇芸命は、天上の「光のめぐみ」と地上の「国土のめぐみ」をほめ讃える「国讃め」のお言葉を発したのち、そこに宮殿を建てて君臨しました。天照大御神の子孫（**天つ神の御子**）の到来は、地上に、**天上の秩序・天上の稲・天上の祭り**をもたらす端緒となったのです。

◆ 日向三代の物語・海さち山さちの物語

　こののち邇邇芸命は、地上の**山の神**（大山津見神）の娘、**木花之佐久夜毘売**と結婚しました。邇邇芸命は、佐久夜毘売との間に、**火照命**（海幸彦）と**火遠理命**（山幸彦）の兄弟を育みます、

　弟の火遠理命は、なくした兄の釣り針を探して「海神の宮」に赴きますが、そこで**海の神**（大綿津見神）の娘、**豊玉毘売命**と結婚しました。その子の**鵜葺草葺不合命**も、やはり「海の神」の娘の**玉依毘売命**と結婚し、その末っ子として**神倭伊波礼毘古命**が生まれるに至ります。

　こうして伊波礼毘古は、天上の「日の大神」の血筋に加え、地上の「山の神」の力、「海の神」の力をも受け継ぐ子として誕生したのです。この神倭伊波礼毘古命が、日向から大和へと東征し、**初代の天皇、神武天皇**となったのでした。

◆ 神武天皇の登場──日本建国

　邇邇芸命の四代目の子孫、神倭伊波礼毘古命（のちの神武天皇）は、高千穂の宮殿で、「何地に坐さば、平けく天の下の政を聞こしめさむ。なほ東に行かむ」（どこに行ったら、全国をひとしく治めることができるのだろうか。さらに

解説　そうじて、神は正直であることを第一とする。正直の根本とは清浄な心である。
　　　『神道簡要』は鎌倉時代末期の伊勢神宮外宮禰宜であった度会家行が記した伊勢神道の書。

東に向けて旅立とう）と宣言しました。伊波礼毘古は、天孫降臨の際の天照大御神の言いつけを全面的に実現するために、国土の中心である「大和」に進出し、そこから日本全土に「天上の秩序」「天上の稲作り」を及ぼさなければならない、と決意を固めたのです。

　伊波礼毘古は、日向を出発したのち、瀬戸内海を東進して、浪速（大阪湾）に至ります。しかしここから伊波礼毘古の苦難がはじまりました。浪速の入江で、伊波礼毘古を迎え撃った**那賀須泥毘古**と交戦して惨憺たる敗北を喫し、兄の五瀬命の戦死という痛手を負います。

　この惨敗ののち、伊波礼毘古は、「天つ神の御子」として、日の大神の恵みを背にうけて闘うことを期し、紀伊半島を迂回して、熊野の海岸に上陸します（吾は日の神の御子として、日に向ひて戦ふこと良からず。……今より行き廻り

COLUMN

「三大神勅」とは？

　『日本書紀』では、**瓊瓊杵尊**が地上に降る際、天照大御神が３つの神勅（お言いつけ）を授けられたことが伝えられています。これらは三大神勅と呼ばれ、日本神話の理念を集約するメッセージとして重んじられてきました。三大神勅とは、(1) 天壌無窮の神勅、(2) 宝鏡奉斎の神勅、(3) 斎庭の稲穂の神勅です。

(1) **天壌無窮の神勅**は、『日本書紀』天孫降臨段の第一の一書に伝えられています。
　「豊葦原千五百秋瑞穂国は、わが子孫の王たるべき地なり。爾皇孫就きて治らせ。さきくませ。宝祚の隆えまさんこと、まさに天壌とともに窮り無けむ」（豊葦原千五百秋瑞穂国は、わが子孫が君主として治めるべき国土です。わが子よ、行って治めなさい。さあ、出発しなさい。皇室の繁栄は、天地とともに永遠に続き、窮まることがないでしょう）。この神勅には、「わが国においては、天照大御神の子孫が永遠に君臨すべき大原則が、大御神ご自身によって、神代のはじめから定められ、約束されている」という信仰が示されています。

(2) **宝鏡奉斎の神勅**は、同段第二の一書に伝えられています。「吾が児、この宝鏡を視まさむこと、まさに吾を視るがごとくすべし。与に床を同じくし殿を共にして斎いの鏡となすべし」（わが子孫よ、この鏡を私と思いなさい。この鏡を皇居に祀り、「み鏡の祭り」を受け継いでいきなさい）。

　この神勅には、「私の子孫は、み鏡の祭り主として、天下泰平と五穀豊穣を祈り続けていきなさい」という大御神の思し召しが示されています。伊勢の神宮、皇居の賢所における「み鏡の祭り」の根源とされる神勅です。

(3) **斎庭の稲穂の神勅**も同じく一書の伝えです。「吾が高天原に御しめす斎庭の穂を以て、また吾が児に御せまつるべし」（私が高天原で育てた神聖な田んぼの稲穂を、わが子孫に授けましょう）。ここには、わが国の稲作りが、天上の天照大御神の稲穂に由来するとの信仰が示されています。「水穂の国」としてのわが国のおこりを伝える神勅です。

神武天皇（月岡芳年画）
記紀に伝えられる最初の天皇。地上に降臨した邇邇芸命の曽孫。神武天皇の弓にとまった鵄が光り輝き、ナガスネヒコの軍を眩ませているところ。鵄と烏はしばしば同一視される。

熊野本宮大社の八咫烏
熊野本宮大社では毎年1月に八咫烏神事が行われている。八咫烏は日本サッカー協会のシンボルマークとしても知られている。

て、背に日を負ひて撃たむ）。

　しかしそこで待っていたのは、さらなる試練でした。伊波礼毘古の軍勢は、熊野山中の魔物たちに惑乱され、あやうく全滅寸前の危機に陥ります。伊波礼毘古は、この「山中他界」を思わせる熊野の荒野で、ほとんど生死の境をさまよったのでした。伊波礼毘古の命を救ったのは、天上の天照大御神から降された神聖な霊剣でした。こうして天上の霊力を賦与された伊波礼毘古は、「天つ神の御子」として蘇生し、復活を遂げたのです。

　伊波礼毘古は、天上から差し向けられた**八咫烏**の導きにより、熊野・吉野の山中を踏み越え、大和に進出します。ここで宿敵の那賀須泥毘古を敗り、また先んじて天降っていた**邇芸速日命**の帰順を得て、ついに大和平定を達成し、初代の天皇として即位しました（故、かく荒ぶる神等を言向け平和し、伏はぬ人等を退けはらひて、畝火の白檮原宮に坐しまして、天の下治らしめき）。

　ここに伊波礼毘古命は、幾多の試練を乗り越え、天の下しろしめす**初代の天皇＝神武天皇**として生まれ変わるに至りました。浪速以来の苦難は、伊波礼毘古がわが国の初代君主として生まれ変わるための、避けて通ることのできない道筋だったのです。

　こうして天上から降臨した「天つ神の御子」が、わが国の初代君主として誕生し、**地上国家**を治める**政**を開始することとなりました。神武天皇の「不屈の闘い」によって、「神代」が終わり、「人の代」がもたらされたのです。ここに、天照大御神の子孫たる歴代天皇が、代々「水穂の国」を治めていく時代が到来しました。

　令和に即位された今上天皇は、初代神武天皇から数えて126代目の子孫に当たります。天皇は、わが国の「国民統合の象徴」（憲法）として、また神代以来の「稲作りの王」「五穀豊穣の祭り主」として、その使命を受け継ぎ続けているのです。

｜事後学修｜

> 1. 本章では『古事記』の神話を取り上げましたが、これを『旧約聖書』の「創世記」と比較して、「多神教」と「一神教」の相違点を考えてみましょう。
> 2. 「八咫の鏡」を祀る伊勢神宮の祭り、「八咫の鏡」のご分身を祀る賢所（皇居）の祭りについて、それぞれ詳しく調べてみましょう。

神話学からみる日本神話　｜　平藤 喜久子

　神話という言葉を知らない人はいないでしょう。日本神話やギリシャ神話、インド神話、北欧神話など、各地のあらゆる文化、社会に神話はあり、世界のはじまりや英雄たちの活躍など、神や半神半人を主人公として語っています。

　神話を持たなかった文化はなく、神話は人類の歩みとともに存在してきたと考えられます。おそらく、世界のはじまりを知りたいと思うことは、自分の存在のルーツを知りたいという人間にとって根源的な問いと関わります。また、怪物と闘う英雄とは、かつて自然界のなかで自然災害や危険な動物などと共存していた社会にとって、常に求められていた存在なのでしょう。世界のはじまりを追究する営みは、現在では科学の分野で行われ、地球や宇宙の始まりまで突き止めようとしています。英雄の物語は舞台に未来も架空の世界も取り入れながら、映画やアニメ、マンガなどで新しく作り続けられています。いずれも神話を求める心が背景にあるといえるのではないでしょうか。

　このように人間にとって必要不可欠な存在であったともいえる神話について、さまざまな方法によって比較、対照させつつ議論を展開するのが神話学という学問です。近代的な学問としては19世紀ヨーロッパにはじまり、方法の中核には「比較」があったため、「比較神話学」ともいいます。

　神話を比較するといっても、どの地域文化の神話もすべて同じように伝えられているわけではありません。日本神話であれば、8世紀に編纂された『古事記』、『日本書紀』を中心とします。壬申の乱を経て即位した天武天皇の政治的な意思により、とくに『日本書紀』は歴史のいわば決定版として編纂されたと考えられます。ギリシャ神話というと、もっとも古い作品は、紀元前8世紀後半、吟遊詩人のホメロスによって伝えられた『イリアス』と『オデュッセイア』だとされます。前者は英雄アキレウス、後者はオデュッセウスが主人公です。ほかにもギリシャ神話としては、詩人ヘシオドスの『神統記』があります。悲劇作品にも伝えられました。いわば文芸作品のなかに神話が伝えられたといえるでしょう。インド神話であれば、最古のものは紀元前12世紀から10世紀頃に成立したとされる『リグ・ヴェーダ』。聖職者のバラモンたちが暗誦によって伝えた聖典です。

　このように同じ神話といっても、伝わり方も伝える意図も時代も異なっています。神話学を学ぶときには、そうしたさまざまな神話についての基礎的な知識を得ることが必要となります。

　では、これまで神話学では日本神話についてどのようなことが論じられてきたのか、2つほど例を紹介しましょう。

　日本の島々や山川草木などを子として生みだしたイザナキ（伊耶那岐命）とイザナミ（伊耶那美命）は、最後に火の神カグツチ（火之迦具土神）を生み出します。しかしイザナミは出産で大火傷を負い、亡くなってしまいました。この死を受け入れ

島根県松江市
黄泉比良坂伝承地

られなかったイザナキは、死者の行く黄泉の国へとイザナミを連れ戻しに行きます。イザナミも戻りたく思い、イザナキに「黄泉の神と相談をするので、その間決して私の姿を見ないでください」といいました。しかし、待ちきれなかったイザナキは火を灯して見てしまいます。そこには腐乱した恐ろしい姿がありました。逃げるイザナキ。イザナミは黄泉の国の者たちに追わせます。とうとう最後は自分で追いかけますが、イザナキは黄泉比良坂を抜け、そこを大きな岩で塞ぎ、二人は永遠に別れることになったというものです。

オルフェウスとエウリュディケ

この神話は、ギリシャ神話のオルフェウスの冥界降りの神話とよく似ていると指摘されています。楽人オルフェウスは、毒蛇に咬まれて亡くなった妻エウリュディケを連れ戻しに冥界へ行きます。冥界の王ハデスは、「地上の光を見るまで決して妻を振り返って見なければ、連れ帰ることができる」といいますが、オルフェウスはあと少しのところで振り返ってしまい、妻は冥界へと連れ戻されてしまいます。

亡くなった妻を連れ戻すために冥界を訪れる話は、神話学では「オルフェウス型」といい、多くの地域でみられます。しかし、妻が不慮の死で亡くなり、戻る意思を持ち、「見るなの禁」が破られたために、永遠の別れとなる。という点まで似ているというと、そうあるわけではありません。こうした類似について、偶然なのか、

個人、文化を越えた人間の深層心理に根ざしているのか、地域は遠く離れていますが、話が伝えられたのか、などいくつかの可能性があり、議論に決着はついていません。最近では、人類がアフリカから各地に広がったと言われていますので、共通の先祖を有するのであれば、遠く離れた地域に共通の祖を持つ神話が残されていても不思議はないのではないかとも考えられています。イザナキとオルフェウスの類似は、神話学に尽きせぬ謎を問い続けています。

神話の類似のなかには、明らかに文化の影響ではなく普遍的にみられるモチーフだろうというものもあります。たとえば、「ペルセウス・アンドロメダ型」です。これは英雄が窮地に陥っている女性（大抵お姫様です）を怪物から救うというものです。ギリシャ神話の英雄ペルセウスがエチオピアの王女アンドロメダを海の怪物から救った話に由来します。日本のスサノオ（須佐之男命）のヤマタノオロチ退治もこの型の神話です。

スサノオは、出雲を訪れ、肥の川（斐伊川）の上流でクシナダヒメ（櫛名田比売）とその両親と出会い、ヤマタノオロチに彼女が食べられると知ると、怪物退治を申し出ます。オロチを強い酒で酔わせ、見事退治をし、クシナダヒメと結ばれます。

島根県奥出雲町
斐伊川上流

スサノオの姿には、文化を越えて人々が求めてきた英雄の姿を見ることができます。スサノオから人類と英雄について思いを巡らせることも可能でしょう。

第3章 考古学からみる神道

I さまざまな角度からみる神道

笹生　衛

|事前学修|

神祭りの最も重要な場である神社は、どのような変遷をへて現在のような形となったのか、また、神社の起源、古い神祭りの場とはどのような様子だったのか。これについてはいろいろな学説が示されています。これらの学説について調べ整理してみましょう。

　　古代の神祭りの場と神社の起源については、次のような説明が通説とされてきました。

　　「古代の神祭りの場所は、はじめはとくに建造物は作らず、祭場の一角に神霊を迎えるための磐座やヒモロギ＝神木があるだけの、簡素なものであったと思われます。古墳時代の祭祀遺跡の多くは、この段階のものと思われます。やがて祭りの日だけ、神霊を迎えるための何らかの構造物（上賀茂神社の御阿礼所にみられるように、必ずしも建造物とは限らない）を建てるものに発展し、さらにその社殿が立派になると共に常設化する。つまり、祭りのたびに構築するのではなく年中建っているようになります。」

（岡田精司『新編　神社の古代史』学生社、2011）

　　これは、古代史研究を専門とした岡田精司の説です。神祭りの場には、本来、何もなく、祭りに当たり神霊を招くときだけ、仮設の建物などが建てられ、それが次第に常設化して社殿が発生したという説明です。

　　しかし、近年の祭祀遺跡や神社における発掘調査の成果からは、このような考え方では説明できない状況があきらかとなっています。この章では、その具体的な内容を紹介したいと思います。

　　また、神社の成立については、大きく分けると①古墳時代の4世紀後半から5世紀頃、②飛鳥時代の7世紀後半頃、③平安時代後期の11世紀から12世紀という、三つの時期が画期となっていたと考えられます。これは、神の考え方と祭りの形の変化と対応しています。この点についても、本章で確認してください。

神道考古学

大場磐雄

＊1　大場磐雄『祭祀遺蹟』「第1部　祭祀遺蹟の研究　考古学上より観た上代の祭祀」角川書店、1970

＊2　岡田（精）、2011

　日本の伝統的な神祭りの歴史を考古学から明らかにする。そのような研究分野として、大場磐雄は昭和10年（1935）に**神道考古学**を提唱し、神祭りの遺跡である**祭祀遺跡**の研究が続けられてきました。現在、神祭りや神社の原形とされるイメージは、その研究成果によるところが大きいと言えます。大場は、古墳時代の神祭り（祭祀）について次のように考えていました。

　「すなわち当代人は一定の場所に斎庭を選定し樹枝（榊のごとき）に石製の剣・玉・鏡を吊し、これを神籬（ひもろぎ）として神霊を招き、その前に多数の土師器や小土器を掘り据え置き並べ、それらの中には御酒御饌を盛り、厳かな祭祀を執行した」*1。

　この祭祀のイメージは、神籬＝榊という中世以来の古典解釈と折口信夫が示した「依代」の考え方に、祭祀遺跡から出土する石製・土製模造品などを結びつけた内容となっています。これが基礎となり、神社の原形について、現在のような社殿は存在せず、「磐座やヒモロギ＝神木があるだけの簡素なもの」*2というイメージで語られることが多いです。しかし、近年の発掘調査の成果から復元できる祭祀の姿は、そう単純なものではなかったようです。

神社の起源

宗像大社の三宮

沖ノ島
沖津宮が祀られる玄界灘の孤島、沖ノ島は辺津宮から約60km、周囲4kmの小さな島。

　神社の起源は、いつまでさかのぼるのでしょうか。それを考える時、現在の神社の境内や周辺に、古代の祭りの跡、祭祀遺跡が残されている例が参考になります。その代表例が、福岡県宗像市の宗像大社と、奈良県桜井市の大神神社です。

◆ 宗像大社

　福岡県の宗像大社は天照大御神と須佐之男命との誓約で誕生した三女神を祀る神社で、三柱の女神は、沖津宮・中津宮・辺津宮の3か所に分かれて祀られています。このうち田心姫（多紀理毘売命・田霧姫）は、沖ノ島に鎮座する沖津宮に祀られています。沖津宮は島の南側の斜面に建てられていて、周囲には、高さ10mに達するものを含め14個の巨岩が聳えています。この巨岩を神霊が宿る磐座として、古代の祭祀遺跡が広がっています。この遺跡は、昭和29年（1954）～46年（1971）にかけて3次にわたる発掘調査が行われ、古代の祭祀の実態が明らかになりました。

沖ノ島の出土品と祭祀遺跡
左：金の指輪〔宗像大社所蔵〕
中：奈良三彩の小壺〔宗像大社所蔵〕
右：5号遺跡。巨岩の前に貴重な品を捧げ神饌を供えた様子が残される
　　（7世紀後半〜8世紀）〔宗像大社写真提供〕

銅鏡・刀剣・勾玉
左：銅鏡（沖ノ島）〔宗像大社所蔵〕
右上：鉄剣（千葉県南房総市、小滝涼源寺遺跡）
右下：子持勾玉　三輪山の禁足地から出土（6〜7世紀）

　祭祀は4世紀後半頃から始められ、巨岩の上に多量の銅鏡や勾玉などの玉類、鉄製の刀剣などを納める形で行われていました。5世紀後半以降は、遺跡は岩陰に移り、金銅製の馬具、金の指輪など朝鮮半島との結び付きを示すものの他、ペルシャ製のカットグラス、唐の三彩陶器など、国際色豊かな貴重品が出土しました。これらの出土品からは、沖ノ島の祭祀が大和王権の外交と密接に関わっていたことが推測できます。8世紀から9世紀の祭りに使われた品々は巨岩から離れた露天の部分に多く残されるようになり、9世紀末期頃を境に古代の祭祀は終焉を迎えます。しかし、その信仰は現在まで受け継がれ、沖ノ島への上陸に当たっては、海辺での禊や女人禁制などの決まりが厳しく守られてきました。なお、世界遺産登録後は、一般の人々の島への立ち入りは禁止されています。

◆ 大神神社

　奈良県の大神神社は、美しい円錐形の三輪山を、神霊の鎮まる山として祀

磐座
三輪山西麓にある山ノ神遺跡の磐座。儀式用の小型銅鏡、石製模造品、子持勾玉と、杵・臼、柄杓、匏、箕、案（机）などの土製模造品が出土した。5世紀から6世紀頃を中心とした祭りの遺跡。

三輪山
山内の一木一草に至るまで神宿るものとして、いっさい斧を入れず、松・杉・檜などの大樹に覆われている（標高467m）。

る古い神社です。現在でも本殿はなく、三輪山の西麓に禁足地（足を踏み入れてはいけない場所）があり、そこに接して拝殿が建てられています。

ここに祀られる大物主神は、『日本書紀』では大己貴神（大国主神）の幸魂・奇魂、『古事記』では、大国主神の国づくりに協力する神として登場します。また、『延喜式』の巻8「出雲国造神賀詞」では、三輪山を「大御和の神奈備」と表現しており、古代においては神霊の鎮まる山を「神奈備」と呼んでいたことがわかります。

三輪山の山麓には多くの祭祀遺跡があり、磐座と考えられる巨岩周辺からは多くの遺物が出土しています。銅製素文雛形鏡（儀式用の小型銅鏡）が最も古く4世紀後半頃、石製模造品や子持勾玉、土製模造品は5世紀から6世紀頃の年代が推定できます。5世紀頃を中心とする須恵器も多数出土しました。須恵器とは、灰色に堅く窯で焼いた焼き物で、その焼成技術は5世紀初頭頃までに朝鮮半島からもたらされました。須恵器の種類には、坏・高坏・壺・台付きの壺・甕があり、祭祀で神饌（食べ物）や神酒を供えるために使われたと考えられます。須恵器の代表的な生産地として大阪府の陶邑窯があります。この陶邑は、『日本書紀』崇神天皇紀によると、三輪の神である大物主神の子孫、大田田根子がいたとされる場所で、三輪山の祭祀と陶邑との関連は、考古資料と文献史料で認められます。また、禁足地からは、6～7世紀頃の須恵器や子持勾玉が出土しており、そこでの祭祀は、現在の大神神社まで受け継がれているのです。

以上、祭祀遺跡と直接つながる、宗像大社沖津宮・沖ノ島祭祀遺跡と大神神社・三輪山麓祭祀遺跡の例を見てきましたが、そこでは、共通して4世紀後半から5世紀頃には祭祀の痕跡が確認できます。つまり、現在の神社の祭祀の系譜は、現時点で確認できる範囲ではありますが、古墳時代の4世紀後半から5世紀までは確実に遡ることになります。

千束台遺跡祭祀遺構
〔木更津市教育委員会蔵〕

解説 神祭りの心は徳と敬いにある。心からの敬いの心を持てば、神はきっと我々の願いを聞いてくださる。
藤原緒嗣等撰修の『日本後紀』に載る、広瀬・龍田の祭りにあたっての桓武天皇の詔。

　　祭祀遺跡は、宗像大社や大神神社の境内以外でも東北地方から九州まで、日本列島の広い範囲で発見されています。その立地する場所は、磐座や神奈備山の付近に限らず、集落の中、河川や泉の水辺、海辺や島、峠道の頂上や半島の先端といった交通の難所など、さまざまなあり方を見せます。これは、地域の安全を確保し、海山の幸をもたらし、農作業に不可欠な灌漑用水を恵む神々、また、旅の安全を守ってくれる神々を祀った痕跡といえるでしょう。年代的には、出土する土器の型式から、古墳時代の中期、5世紀代には明確に確認できます。沖ノ島祭祀遺跡や三輪山麓の祭祀遺跡から推定できる神社の起源の時期とほぼ一致します。

　　祭祀遺跡は、通常、祭祀に使われた祭器具や土器類がまとまった形で出土します。古代の祭祀においても、供え物を準備し、神霊へ神饌や供え物（後の幣帛）を捧げて祭りが行われ、終了後は祭器具の片付け、供えた品々の整理・収納や分配、場合によっては廃棄が行われたと考えられます。祭祀遺跡には、その最後の状況が残されていることになります。また、木や布のような有機質の品々は、多くが腐朽して残りません。つまり、祭祀遺跡の出土遺物は、祭祀の場で使用されたすべての品々を示しているとは限らないことになり、祭祀遺跡から古代の祭りを復元する場合、その点は注意する必要があります。

　　祭祀遺跡から出土する祭祀遺物は、古代の祭祀で使われた祭器具で、その内容は多岐にわたります。古墳時代、5〜6世紀頃の祭祀遺跡を特徴づける祭祀遺物が、金属（主に鉄）・石・粘土で作られた小型の模造品です。鏡、玉類、刀剣の他、鎌、斧・刀子といった農・工具を模っています。実用品の代用として神前に供えられたと考えられますが、石製模造品には小さな穴があけられており、榊のような常緑樹の枝に糸で結び吊り下げて、神前に供えられたのかもしれません。

◻ 幣帛、神饌、琴

　　しかし、古墳時代の祭祀では模造品だけを使用したの

石製模造品
剣形・有孔円板（鏡形）・勾玉。茨城県鹿嶋市の鹿島神宮に近い、宮中条里大船津地区から出土。5世紀前半。〔鹿嶋市教育委員会蔵〕

鉄製品
U字形鋤先、曲刃鎌といった最新の農具、斧の鉄製模造品が神前に供えられたと考えられる。千束台遺跡から出土した。〔木更津市教育委員会蔵〕

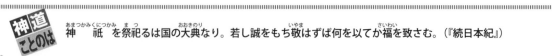

神祇を祭祀るは国の大典なり。若し誠をもち敬はずば何を以てか福を致さむ。（『続日本紀』）

沖ノ島祭祀遺跡から出土した紡織具の金銅製模造品。糸を紡ぎ布に織るのに必要な道具も祭りに関係して使われた。7世紀頃のもの。〔宗像大社蔵〕

5世紀の案
脚を差し込む構造で、現在でも神社で使われる案と類似する。静岡県浜松市の山ノ花遺跡出土。〔浜松市博物館蔵〕

復元した5世紀の案
〔國學院大學博物館蔵〕

下左：静岡県磐田市の明ヶ島古墳群5号墳下層から出土した土製模造品。人形、短甲、弓、靫、鞆、盾、琴、犬、猪が見られる。
下右：沖ノ島から出土した金銅製の琴の雛形〔宗像大社蔵〕

ではなく、武器・武具、農・工具、紡織具、食器類、楽器といった実用品が多数使用されていました。武器には、鉄製の刀剣類、多数の鏃、場合によっては甲冑や盾などの武具類があります。鉄製農具ではU字形の鋤鍬先、曲刃鎌、工具としては斧、刀子、鉇（槍の穂先に似た木工具）などがあります。これらの鉄製品の素材である鉄鋌（鉄の延べ板）も出土します。また、糸を紡ぐ紡錘車や機織り用具も出土し、これらを使い織った布類が祭祀の場には用意されていたと考えられます。以上の品々は、5世紀当時、大変に貴重であり、神々への主要な捧げ物であったと推定できます。また、これらの品々は、奈良時代に神祇令で規定された、祈年祭など国家的な祭祀の捧げ物、幣帛と共通する部分があり、5世紀の祭祀遺跡の捧げ物は、神社へ捧げられる**幣帛**の原形となっていったと考えられます。

食器類には、須恵器の坏・高坏、甕、甑（酒を注ぐ用器）といった、5世紀当時、最新の器が使われるとともに、素焼きの焼き物、土師器の坏や高坏が出土し、さらに粘土の塊を手で抉って作った手捏土器が多く出土します。これは、『日本書紀』神武天皇即位前紀で、天香久山の土で作ったとされる「天手抉」に相当し、祭り用の特殊な小型の土器です。

須恵器の甕は神酒で満たされ、甑で神酒を取り分けて坏に注き、坏・高坏、手捏土器には酒食を盛ったと思われます。これらは、神饌を供える食膳具といえるでしょう。

さらに、白木の案（机）があります。5世紀代の水辺の祭祀遺跡、静岡県浜松市の山ノ花遺跡から出土したものは、現在、神社で使用されている案と類似し、幣帛や神饌を供えるために使ったのでしょう。

また、楽器では木製の琴が出土し、祭りの場で使われていたと考えられま

解説　神を祭ることは国の根本である。祭祀に誠なく、敬いの心をもたなければ、どうして福を受けることができようか。『続日本紀』は桓武天皇の勅撰による歴史書。『六国史』の二番目の書。

す。静岡県磐田市の明ヶ島5号墳の下層からは、5世紀前半頃の祭り用土製模造品が約2700点出土しています。そこには、大刀や弓矢、盾、甲冑、機織り用具、案などがあり、さらに、性器を露わにした男女像、犬・猪・鶏（いのしし　にわとり）、アワビのような貝も含まれます。そして、ここにも琴が含まれており、それ以外に笛と思われる土製品が出土しています。古墳時代中期、5世紀の神祭りの場では、琴が使われていた可能性が高いでしょう。『日本書紀』神功皇后摂政前紀では、神意を確認する場面で琴が弾かれています。

5世紀は、ヤマト王権が朝鮮半島と密接な交流を行い、倭の五王は中国南朝、宋王朝に使節を派遣し将軍号を受け、ヤマト王権を中心に国家の原形が形作られた時代です。それと歩調を合わせて、後の神社や神道信仰の原形が姿を顕し始めていたと言えるでしょう。

◼ 高床倉の存在

この時代の祭祀遺跡のなかには、建物の部材が出土し、祭祀の場に建物が建っていたと推測できる例があります。特徴的な建物部材には、厚板を削り扉と門穴を一体に作った「扉」と、それを上・下から挟み建物に組み込む「楣・蹴放」（まぐさ　けはなし）があります。これに加えて、梯子材が伴う遺跡があります。これらの部材から復元できる建物としては、門で扉を施錠でき、梯子が必要な高床式の倉（高床倉）を考えることができます *3。

＊3　これらの部材が出土した5世紀代の祭祀遺跡には、東日本では千葉県の長須賀条里制遺跡、静岡県の山の花遺跡、近畿地方では奈良県の南郷大東遺跡があり、6世紀の遺跡には島根県の前田遺跡がある。また、高床式の建物（高床建物）の柱跡が発見されている祭祀遺跡がある。4世紀に遡る奈良県の秋津遺跡、5世紀の兵庫県の松野遺跡、6世紀初頭頃の群馬県の金井下新田遺跡、6世紀後半の例では千葉県の東田遺跡がある。祭祀の場に高床式建物が建つ景観は、少なくとも4世紀頃から日本列島の東西で広く見られたと考えてよいだろう。

愛媛県松山市古照遺跡復元高床倉
（松山市考古館）

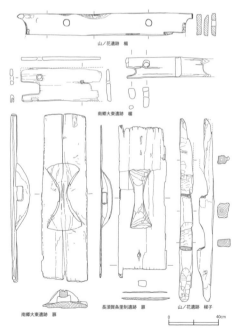

山ノ花遺跡　楣

南郷大東遺跡　楣

南郷大東遺跡　扉　　　　長須賀条里制遺跡　扉　　　山ノ花遺跡　梯子

0　　　　40cm

祭祀遺跡出土高床倉部材〔笹生衛作図〕

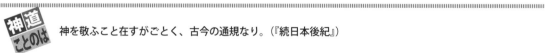

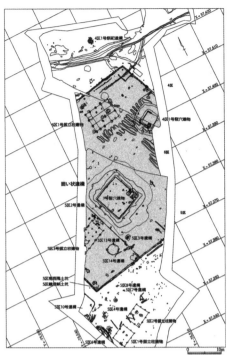

金井下新田遺跡全体図
6世紀初頭の金井下新田遺跡では高床建物、大形の竪穴建物、側柱建物が網代垣で区画されていた。垣のコーナーの内側からは祭祀用の小形銅鏡と石製模造品が出土しており、祭祀に係わる施設であることがわかる。規模は東西辺48.6m、南辺55.8m、北辺54m。この遺跡は、6世紀初頭に噴火した榛名山二ツ岳の火砕流に埋没したため、網代垣は炭化した状態で残っており、垣の高さは3mに達することが確認できる。垣の外から内部を覗くことができない高さである。（同遺跡報告書より）

御廟山古墳家形・囲形埴輪
〔宮内庁書陵部蔵〕

　なお、秋津遺跡と松野遺跡で発見された高床建物は、独立棟持ち柱（屋根の棟の材を建物の両端で独立して支える柱）を持ち、この建て方は、高床倉構造の神宮の正殿や宝殿と共通します。

◆ 神籬の実態

　高床倉・高床建物に加え、祭祀の場を周囲から区画・遮蔽する「垣（籬）」の存在も近年の発掘調査で明確になっています[4]。

　ではなぜ、祭祀の場に垣が必要だったのでしょうか。それは、祭祀の場を結界し、穢れなどの悪い影響が及ばないようにするためであり、また、そこに祀る神の強い霊威が周囲に悪影響を与えないためであったのではないでしょうか。この垣（籬）は、『日本書紀』崇神天皇紀にある「神籬」に対応すると考えられます。崇神天皇は、それまで天皇の御殿で祀っていた天照大神の霊威を畏れ、大神の象徴である「御鏡」を御殿から「磯堅城の神籬」つまり「堅固な神の籬」に移し祀るようになります。これが神宮（伊勢神宮）の起源です。その実態は、「神の籬」の文字から天照大神を象徴する優れた鏡を建物に奉安し周囲を高い籬で区画・遮蔽した施設と考えることができます。

＊4　4世紀の秋津遺跡では高床建物を含む建物群を板塀で区画遮蔽する遺構が発見されており、最大規模の区画は約50m×50m以上となる。5世紀代の松野遺跡では3棟の高床建物が垣で区画されており、規模は約42m×約50mとなる。

古代の神々

◆ 古代の神観

　古代の日本列島に暮らした人々は、どのように神を考えていたのでしょうか。これには、列島の自然環境が大きく関係したと考えられます。日本列島

　神を敬うとは、そこに神がいるかのように振る舞うことである。これは古今に通じる原則である。
　『続日本後紀』は文徳天皇の勅撰による歴史書。『六国史』の四番目の書。

熊野山と意宇川上流

稲荷山古墳出土金錯銘鉄剣
〔文化庁所有、埼玉県立さきた
ま史跡の博物館提供〕

は北半球の中緯度に位置し、複数のプレートが接する場所にあり、海洋（太平洋）に面して3000m級の山岳が屹立するという特異な自然環境が展開します。このため、四季が明瞭で豊かな恵みが得られる一方で、洪水・台風に加え地震に火山爆発など多くの自然災害が発生します。

　古代、日本列島に暮らした人々は、この自然環境の恵みと災いという働きに、それを起こし司る「行為者」を直観し、「行為者」を「神（カミ）」としました。そして、その働きが現れる場所は、「神」が居られる場所と考え、そこで祭祀を行いました。このため多くの場合、そのような場所に祭祀遺跡が立地し、古代以来の神社が鎮座します。これが、記紀や『延喜式』などが記す、特定の場所に「坐す神」（居られる神）という考え方です。

◆ 天下に坐す神

　中国大陸では、後漢の後、3世紀の三国時代を経て晋の統一帝国が成立。しかし、晋（西晋）は4世紀に滅亡、古代の東アジアの文化的な中心地、中国は五胡十六国時代をへて5世紀には南北朝に分裂する混乱期を迎えていました。このように東アジアの情勢が変化するなか、日本列島の倭国は、朝鮮半島の高句麗と対立、百済や伽耶諸国とは交流を深め、4世紀後半から5世紀、古墳時代中期には新たな技術や文化が列島内にもたらされました。

　5世紀後半の辛亥年（471）製作、埼玉県の稲荷山古墳出土の金錯銘鉄剣の銘文には、「治天下」「大王」の漢字が使われています。ここからは、ヤマトを中心とした「天下」という倭国の国家領域の意識と、それを統治するヤマト王権の「大王」という考え方がうかがえます。「天下」の出典は、『礼記』など中国の漢籍にあります。4世紀後半から5世紀、鉄を加工する鍛冶、布を織る紡織、須恵器を焼く窯業といった新しい技術とともに、大陸から新たな思想・考え方が導入されていたのです。

　5世紀、倭国で「天下」という国家領域の意識が形成されると、「天下」の自然環境の働きから、各地に「坐す神」がイメージされ、その神々を、「大王」と各地の有力者が貴重品の品々と食膳を捧げて祀り、恵みを願い、災害を防ぎました。この結果、5世紀代に列島内の各地に残されたのが、共通した祭具を用いる祭祀遺跡であったと考えられます。この祭祀の目的は、「天下」と各地の生産・生活の安定・安寧を保証することにあり、ここに、自然の恵みや災害と密接に関係する古代祭祀の本質があるといってよいでしょう。そして、5世紀以降、7世紀後半までの間に「カミ」という倭国の言葉へと、漢字「神」が当てられたのではないでしょうか。

神道ことのは　ちはやぶる神のひらきし道をまたひらくはひとの力なりけり。（明治天皇御製）

神宮・神社の成立

◆ 神宮の成立

　618年、隋に続く中国の統一帝国、唐が成立し、東アジアの情勢は再び大きく変化しました。強大な統一帝国である唐との関係を結ぶ中で、日本列島の倭国は、7世紀を通じて、中国・唐の法制度、律令を取り入れた国家へと転換していきます。その過程で、祭祀の場は変化しました。

神宮皇大神宮（伊勢神宮内宮）正殿
〔神宮司庁提供〕

　まず、皇祖神の御鏡を祀る「神籬」は、7世紀中頃、新たな宮殿に合わせて**神宮**へと再編成されたと考えられます。延暦23年（804）の『皇太神宮儀式帳』が記す古代の神宮の建物配置は、宝鏡を奉安する正殿を中心に置き、建物と籬を左右対称に配置、その前面（南側）に祭祀の空間を作ります。垣の内部への主な出入り口は中心線上の門です。これは、発掘調査で確認した孝徳天皇の難波長柄豊碕宮（前期難波宮）の内裏南殿（後の大極殿）と朝堂院の配置と共通します。難波長柄豊碕宮は、『日本書紀』が白雉3年（652）完成とする新しい宮殿で、後の藤原宮や平城宮の朝堂院の原形となりました。

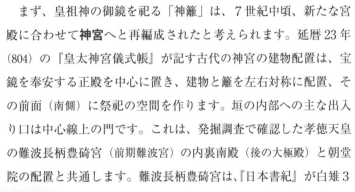

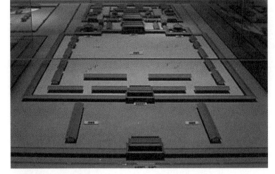

前期難波宮復元模型
〔大阪歴史博物館蔵〕

　そこでは、天皇が内裏南殿に出御し、朝堂院に整列する官人から拝礼を受ける儀礼が行われました。これに倣い、皇祖神を祀る祭祀の場と祭祀を整備し、御鏡を奉安した「神の籬・神籬」は、新たな天皇の宮殿に合わせた「神の宮・神宮」へと変化したのです。

◆ 神郡の設置

　この直後、7世紀中頃から後半、天下の主要な神々の祭祀の場が整備され、各地の神社が成立します。『日本書紀』によると、斉明天皇5年（659）に出雲国の「神宮」（出雲大社か）が整備され、『常陸国風土記』香島郡には天智天皇の時代（660年代）に香島（鹿島）天大神の「神の宮」（鹿島神宮）が造営されたとあります。出雲大社の境内では4世紀末期の祭祀遺構が発見されており、鹿島神宮の境内や隣接地点では5世紀代には祭祀の場が成立していたことが考古学的に確認されています。4・5世紀以来の祭祀の場が、7世紀中頃を境に整備され、出雲大社と鹿島神宮が成立したといってよいでしょう。

　そして、皇祖神を祀る伊勢国の神宮と香島天大神を祀る常陸国の香島（鹿

　解説　遠い昔に神がひらいた道、その後をひらいていくのは、人の力である。
　　　　　明治天皇御製。明治36年、「道」と題された御歌。

出雲（杵築）大社本殿復元模型
〔古代出雲歴史博物館蔵〕

島）神宮には、孝徳天皇の時代に、神のための郡（評）として**神郡（神評）**が設置されました。この他、神郡が設置された神社には、出雲国の出雲杵築大社、下総国の香取神宮、安房国の安房神社、紀伊国の日前・国懸神社、筑紫国の宗像神社があります。

◪ 記紀と日本

この7世紀後半に始まるのが、『古事記』『日本書紀』（記紀）の編纂です。神郡が設置された神宮・神社は、いずれも記紀神話では重要な神々の祭祀の場です。これと並行して7世紀末期頃には、「倭国」が律令国家「日本」へ、「大王」の称号は「天皇」へと変化しました。その中で各地の祭祀の場は、律令国家の祭祀制度に組み込まれた「神社」へと整えられたと考えられ、各地の神々の働きに恵みを願い災害を防ぎ、国家と地域の生活・生産の安寧が祈られたのです。

青木遺跡復元模型
〔古代出雲歴史博物館蔵〕

◪ 古代の神社遺構

8・9世紀以降、奈良・平安時代の神社の遺構も発掘調査で明らかになっています。

確実な事例の一つは、島根県の青木遺跡です。奈良時代（8世紀）から平安時代前期（9世紀）ころの神社そのものが発掘調査で明らかになっています。中心には出雲大社の本殿と同じ大社造りと考えられる高床構造の社殿が建ち、周囲は部分的に垣で区画・遮蔽されています。絵馬などの祭祀用具の他に「美社」と書かれた墨書土器（墨で文字が書かれた土器）が出土しており、8世紀前半成立の『出雲国風土記』が記す出雲郡美談郷の彌太彌の社（美談の社）にあたる神社であった可能性が高いと考えられます。美談の社は、同書によると、出雲大社に祀る大穴持命の御子神を祀るとします。青木遺跡で確認された古代の社殿が大社造りである点からも出雲大社との結び付きがうかがえます。

◪ 現在の神社へ

もう一つの事例は滋賀県の塩津港遺跡で、琵琶湖の港湾施設に隣接して神社跡が発見されました。その立地から、塩津の港の神を祀った神社と考えられ、年代は11世紀後半から12世紀代です。この下層で8・9世紀頃の古い

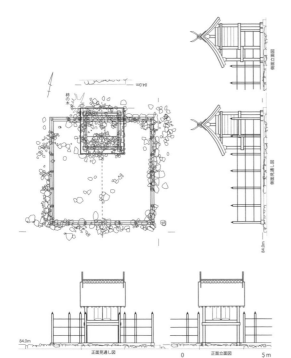

塩津海遺跡　本殿・瑞垣復元図〔笹生衛作図〕

塩津港遺跡出土神像
〔滋賀県提供〕

神社の遺構が部分的に確認されており、それが9世紀後半から10世紀代に琵琶湖の水位変化のため一度水没、11世紀後半に再び陸化した後、同じ場所に神社は再建されています。

　11世紀後半の神社は、四方を堀で区画した境内のほぼ中央に本殿と考えられる社殿が1棟建ちます。社殿は、正面中央に階が付く高床建物で、柱の配置から賀茂神社の流造りに近い構造と推定できます。神社跡からは、小さな建築部材とともに5体の神像が出土しており、玉殿（厨子状の小型の社殿）に神像を納め、本殿内に安置していたと考えられます。

　12世紀になると、神社の本殿は規模を縮小させ、見世棚造りの社殿になったと考えられます。やはり、5体の神像を祀っていました。12世紀、境内は大きく変化し、本殿の正面、南側には、3棟の建物が建てられます。その景観は『年中行事絵巻』（12世紀後半成立）が描く今宮神社や城南宮の境内と類似します。今宮神社・城南宮の境内では里神楽や田楽が奉納され、境内や本殿前の建物に集まった大勢の人々が観覧し楽しむ「祭礼」が行われています。塩津港遺跡の12世紀の神社境内でも同様に、里神楽や田楽が奉納され、それを本殿前の建物と境内に集まった多数の人々が観覧する「祭礼」が行われていたのではないでしょうか。12世紀の境内景観の変化は、不特定多数の人々が参加・観覧する新たな「祭礼」の形に合わせたものであった可能性が考えられます。

　古代の神社が10・11世紀頃に変化し、12世紀代には中世へ、さらに現在へと連続する新たな神社景観を生み出していったのです。

｜事後学修｜

古代の神祭りの場の変遷を神の考え方・祭りの形と対応させながら整理してみましょう。

第4章

古代

Ⅱ 歴史からみる神道

加瀬 直弥

加瀬 直弥

｜事前学修｜

神社を任意で1社以上選び、「由緒」と呼ばれる歴史や、年間の行事を調べてください。

　神社の中には、「式内社であった」という歴史を紹介しているところもあります。「式内社」とは、古代の法制度のもとで作られた『延喜式』の神名帳という帳簿に、名が載った神社を指しますが、同時に、平安時代中期（10世紀）までに、朝廷のおこなうまつりの対象になった神社という意味でもあります。

　もちろん、中世以降に創建された神社も少なくありません。そうした神社であっても、年間の行事を確かめると、多くは、祈年祭、新嘗祭、そして大祓というまつり・儀式をおこなっています。それらは古代の朝廷でも、おこなうことが定められていたものです。

　古代の神道のまつりは、現在の神社でなお重んじられています。

律令の制定と朝廷の祭祀

＊1　祭祀とは律令の用語で、朝廷のおこなうまつりを指す。「祭」「祀」それぞれ一語でも同じ意味。唐の令を参考にしたか。現在では一般的に、宮中や神社のまつりを指す。

＊2　現在の宮中での祭祀・儀式の中には、神祇令にその名が記されているものもある。

＊3　「いみ」ともいう。まつりのために言動を慎むこと。神祇令の斎戒は、「六色禁忌」とよばれる特定の行為のみを禁じた軽めの散斎と、祭祀に専念し、他事を禁ずる重めの致斎の2種からなる。

◆ 神祇令の恒例祭祀

　唐の勢力伸長などによる、7世紀半ばの東アジアにおける国際的緊張の高まりをうけて、地域の諸国は中央集権体制の確立にせまられました。日本でも、天武天皇の在位中（天武天皇2年〈673〉-朱鳥元年〈686〉）に、律令国家ともよばれるような、中央集権的な国家体制づくりが進展しました。

　大嘗祭や**祈年祭**などの朝廷の祭祀[＊1]も、同じころ制度（律令祭祀制）が整備され、その法の定めはおもに、律令のうちの、令（現在の行政法などにあたる）の一編である**神祇令**で明文化されました[＊2]。現在伝わる養老律令（養老年間〈717-24〉成立）の神祇令には、「どの月に恒例の祭祀をおこなうか」という点のほか、祭祀の準備、人びとのおこなう斎戒[＊3]の内容や期間、大祓（→52頁）とよばれる儀式、天皇が即位した時の祭祀・行事などについて定

現代宮中祭祀の一覧（宮内庁）

めた条文が20条あります。

　神祇令の規定する恒例祭祀は13種です（**表1**）。日本の律令は、編纂時に整備が進んでいた唐のものをもとに制定され、神祇令にも、唐の祠令とほぼ同じ表現の条文があります。しかし、恒例祭祀の種類を示す箇所はそうではありません。律令祭祀制の整備の際、唐の祭祀をそのままには導入せず、従来日本でおこなわれてきたまつりを組み込んだためと考えられます。

　神祇令の恒例祭祀の目的はさまざまです。神の力によっておこるなどとされた災いを防ぐための祭祀は、災いの内容に応じ複数存在します。例えば、鎮花祭は疫病に、鎮火祭は火事に対するものです。他方で、神衣祭のように、祭神の衣替えにあたる祭祀もあります。

　食糧かつ財貨であった稲の耕作にかかわる恒例祭祀は数多くあります。稲作のはじまりにあたり、その稔りを願う祈年祭や、収穫した稲を祭神に供える**神嘗祭**・恒例の**新嘗祭**が、それにあたります。

　朝廷は、稲作にかかわる祭祀をとりわけ重んじました。朝廷の祭祀は、神祇令にもとづき、大祀・中祀・小祀の３段階に格づけされましたが[*4]、平安時代中期の法典『延喜式』（延長５年〈927〉成立）によれば、祈年祭・神嘗祭・新嘗祭は、恒例祭祀としては最も高い中祀に位置づけられていました。

◆ 大嘗祭と新嘗祭

　稲作にかかわる祭祀のうち、恒例の新嘗祭、そして天皇一代一度の大嘗祭はとくに重んじられ、どちらも、基本的に国家祭祀の場に臨むことのない天皇が、直接米などの食をみずから供え、神をまつりました[*5]。両祭は、『日本書紀』の斎庭の稲穂の神勅（→30頁）と対応しています。天皇が米を供えることには、先代から受け継いだ稲づくりのつとめの遂行を、神勅を発した皇祖神、つまり系譜上の祖にあたる天照大神に示すという意味も具わっています。

　大嘗祭はとりわけ重視され、天皇の即位にともなう儀礼の一環として、新嘗祭よりも長い準備期間をかけ、大規模な組織を編成しておこなわれました（**表2**）。祭祀の格づけも、最も重い大祀に唯一位置づけられました。

　平安時代前期の儀式次第書『貞観儀式』（貞観年間〈859-78〉成立）によれば、大嘗祭は、在位中いつでもおこなってよいとはされず、天皇即位の年かその翌年におこなうことが定められていました。

　行事のはじまりは、米をつくる地方２か国をうらないで決める卜定です。決まった国々はそれぞれ悠紀・主基と呼ばれ区別されました。両国を治める国司などによる３か月以上にわたる準備の期間や、それに関連するさまざま

現在の神嘗祭の紹介〔伊勢神宮公式youtubeチャンネル〕

表1　神祇令の恒例祭祀

月	祭祀	格付	対象神社（現社名）	概要
2（仲春）なかのはる	祈年祭 としごいのまつり	中祀	全国諸社（2,861所3,132座）	稲作をはじめるにあたり、稲の稔りを御歳の神に求め、全国諸社に幣帛を用意する祭祀です。対象祭神数は神祇令の恒例祭祀中最多です。
3（季春）すえのはる	鎮花祭 はなしずめのまつり	小祀	大神神社・狭井神社（大和）おおみわ・さい	疫病を起こす神が、花の散る時期に飛散するのを鎮めるための祭祀で、大物主神とその荒魂（荒々しい力の根源）をまつります。おおものぬしのかみ・あらみたま『日本書紀』では同神を、疫病をつかさどる神と位置づけています。
4（孟夏）はじめのなつ	神衣祭 かんみそのまつり	小祀	伊勢神宮	絹・麻の布や糸などを天照大神とその荒魂に供える祭祀です。
	大忌祭 おおいみのまつり	小祀	広瀬大社（大和）等ひろせたいしゃ	天皇が食す稲の稔りを願う祭祀です。対象の広瀬大社は奈良盆地を流れる多くの川の合流点にあり、適切な水の供給を願う目的があったと考えられます。
	三枝祭 さいぐさのまつり	小祀	率川神社（大和）いさがわ	平城京内にある、大物主神の子の神をまつる神社でおこなわれる祭祀です。酒の容器を三枝（ユリのほか諸説あり）の花で飾る点が特徴とされました。
	風神祭 かぜかみのまつり	小祀	龍田大社（大和）たつたたいしゃ	風や水から五穀をはじめとする農作物を守り、その成熟を願う祭祀です。大忌祭と同日におこなわれ、広瀬大社ともども朝廷から使が神社に遣わされました。
6（季夏）すえのなつ	月次祭 つきなみのまつり	中祀	全国諸社（198所304座）	「月次」には月ごとという意味もあり、朝廷では半年ごとにおこなわれます。庶民の家の神のまつり「宅神祭」と同様に理解されたくじんさいていました。当日夜には天皇みずから神をまつる神今食がおこなじんこんじきわれました。
	鎮火祭 ほしずめのまつり	小祀		宮城（大内裏）の四隅で火を焚き、火の害がないよう願う祭祀きゅうじょう・だいだいりです。火の神を産んだ伊弉冉尊の教えに基づきます。いざなみのみこと
	道饗祭 みちあえのまつり	小祀		京の四隅の路上でおこなわれ、魑魅魍魎の排除を道の神に願う祭ちみもうりょう祀です。鎮火祭とともに、神祇官でうらないに従事する卜部が深うらべく関与しました。
7（孟秋）はじめのあき	大忌祭	（4月に同じ）		
	風神祭			
9（季秋）すえのあき	神衣祭	（4月に同じ）		
	神嘗祭 かんなめのまつり	中祀	伊勢神宮	伊勢神宮で稲の新穀を供え、天皇が使を遣わして幣帛を供える祭祀です。宮中では、その幣帛「例幣」を持参する使の出発に、天皇が直接立ち会う儀式がありました。
11（仲冬）なかのふゆ	相嘗祭（上卯日）あいなめのまつり・かみのうのひ	小祀	畿内等諸社（41所71座）きない	対象神社では朝廷の用意した稲で酒を造り、祭祀はその神社の神職がおこないます。律令制定以前の収穫のまつりを受け継いでいると考えられています。
	鎮魂祭（寅日）たましずめのまつり・とらのひ	小祀		翌日の祭祀をおこなうにあたり、天皇の霊魂が遊離しないための儀式です。宇気槽と呼ばれる容器を裏返して桙でつき、糸に結びうけふね・ほこ目をつけるなど、独特の所作がともないました。
	大嘗祭（下卯日）おおにえのまつり・しものうのひ	中祀	全国諸社（198所304座）	毎年恒例の祭祀は「新嘗祭」と称されました。当日夜、天皇自らが新穀を神に供えまつります。諸神への幣帛も用意されました。
12（季冬）すえのふゆ	月次祭	（6月に同じ）		
	鎮火祭			
	道饗祭			

※祭祀名は訓読みとした。ただし、本文に示したものなど、別の読み方もある。

神道ことのは　福祥を祈り永貞を求む。神祇の徳に帰さざる所無し。（『令集解』）ふくしょう・ようじょう・じんぎ・りょうのしゅうげ

表2　大嘗祭と新嘗祭の共通点・相違点

特色	大嘗祭（天皇一代一度）	新嘗祭（恒例）	備考
神祇令上の名称	大嘗祭・大嘗		「新嘗」という祭名は古代から存在する
祭日	11月下卯日（2番目の卯の日）		
祭祀の核心	天皇がみずから新穀を神に供えまつる	祭日の夜から翌朝にかけておこなう	
行事の担当	悠紀・主基2か国の国司	神祇官	天武朝（672–686）は恒例の祭祀も国司が行事
米をつくる田	悠紀・主基2か国の斎田	宮内省管轄の官田	
天神地祇への奉幣	8月下旬以降使を遣わす	おこなわない	
天皇の祓の儀式（御禊）	10月下旬おこなう	おこなわない	御禊の場は河原
斎戒の期間	1か月（11月）	3日	
鎮魂祭	祭日前日におこなう		内容は表1参照
諸社への班幣	祭日の朝おこなう		対象は天神地祇奉幣より限定
祭場	大嘗宮（宮中に臨時設営）	神嘉殿（内裏に常設）	
饗宴（節会・直会）	3日	1日	
中臣寿詞奏上	祭日翌朝おこなう	おこなわない	50頁の写真参照

※1番上の「神祇令上の名称」以外の項目は、六国史や『儀式』『延喜式』等による。

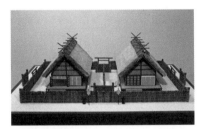

近世大嘗宮模型
天皇一代一度の大嘗祭の際に作られるまつり
のための建物。『延喜式』によれば、樹皮つ
きの材木（黒木）を用い、草で壁や屋根を作っ
た。〔國學院大學博物館蔵〕

な儀式を経て、11月の2番目の卯の日の祭日を迎える定めと
なっていました。

　まつりの当日夜から翌朝にかけて、天皇みずから2度にわた
り、神に新穀を中心とする食を供えること（薦享）が、まつり
の核心でした。場所は、大嘗宮という臨時の建物で、5日間で
つくる定めでした。その後、節会もしくは直会とよばれる饗宴
が3日間おこなわれることになっていました。

古代の神社

◆ 朝廷の祭祀と神社

＊6　「官」は神祇官のことを指
すと考えられる。同官の帳簿に
社名が載せられ、祈年祭などの
朝廷祭祀の対象となった。律令
編纂事業の到達点である大宝律
令制定（大宝元年〈701〉）以
後もその数は増加し、平安時代
前期になっても、諸国の国司は
国内の神社の官社化を求めた。
式内社を載せる『延喜式』の神
名帳は、官社の帳簿をもとに編
纂されたか。

　朝廷の祭祀のなかには、広く天神地祇、つまりあらゆる神々を対象とする
ものがありました。大嘗祭や祈年祭がそれにあたります。神に供える品であ
る幣帛を実際に用意する対象は、朝廷が官社＊6に指定した神社の祭神に限ら
れましたが、『延喜式』によれば、官社数は全国2861所（祭神基準で3132座）
に及びました。

　天神地祇を対象とする祭祀とは対極的に、特定の神社限定の祭祀もありま
した。それらの対象となった神社は、2通りに分類できます。

解説　吉事の到来を祈り正しきあり方を求める。それによって得られる結果が神々の徳に由来しないことはない。
　　　神々に祭祀をおこなうことの意味を示す。

中臣寿詞
天皇の世を祝うことば。天皇一代一度の大嘗祭の節会初日（辰日節会）の冒頭で音読される。読み手である大中臣氏に伝来した。
〔國學院大學図書館蔵〕

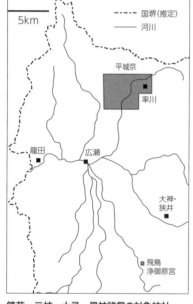

鎮花・三枝・大忌・風神諸祭の対象神社
（大和盆地　大忌祭は広瀬社のみ）

・**伊勢神宮**（三重県）（神嘗祭・神衣祭）…皇祖神（天皇の祖先の神）をまつる

・大和国（奈良県）の神社（鎮花祭・三枝祭・大忌祭・風神祭）…政治の中心地の神をまつる

　律令国家の祭祀であっても、さまざまな願いの多くを、天皇の系譜上の祖にあたる神や、拠点の周辺の神にこめていました。血縁・地縁を重んずるまつりのあり方は、後の時代と同じでした。

　祈年祭をはじめ、神社に対する朝廷の祭祀の多くは、祝部と呼ばれる神社の神職を、祭祀を管轄する**神祇官**の宮中の施設に集め、用意した幣帛を彼らに配る方法をとりました。この方法を**班幣**といいます。しかし、班幣の際に祝部が神祇官に来ないこと（祝部不参）が問題になったため、奈良時代末期（8世紀後半）から、朝廷はしばしば対処をせまられました。

　皇祖神をまつる伊勢神宮に対しては、班幣の対象とはせず、朝廷の使が幣帛を持っていき、神に奉る、つまり奉幣をしました。中でも、神嘗祭は一層丁重で、その幣帛「例幣」を奉幣する使が宮中を発つとき、天皇が立ち会う定めになっていました。このような定めがあるのは、律令祭祀では同祭のみです。

　朝廷の祭祀の幣帛の品種については、画一的ではないですが、一定の傾向はありました。基本的には、絹布をはじめ、糸や綿などの繊維品が含まれました。そして、祭祀によっては、武器・馬具・紡織具、あるいは鹿の皮なども用意されました。そのほか、米と、アワビなどの水産物を中心とした神饌も、多くの祭祀で用意される定めとなっていました。

平城宮神祇官推定平面図
左側が班幣の場である西院と考えられる。〔笹生衛作図〕

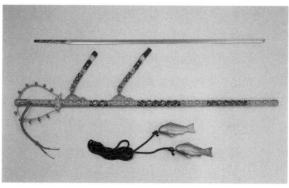

式年遷宮御神宝　玉纏御大刀
『延喜式』によれば、神宝は耐久性のある21品種で構成され、紡績具・武器・楽器に大別される。これらの品種は、古墳時代中期（5世紀前半）からまつりで用意されていた。
〔神宮司庁提供〕

神道ことのは　先づ以て　神祇　を祭ひ鎮めて、然して後に政事を議るべし。（『日本書紀』）

神宮幣帛
現在の神嘗祭などで供えられる幣帛。〔國學院大學博物館蔵〕

現代の式年遷宮の紹介〔伊勢神宮公式 YouTube チャンネル〕

伊勢神宮の式年遷宮

『日本書紀』によれば、伊勢神宮は第11代垂仁天皇の時代の創建とされます。そのまつりは天孫降臨の際の宝鏡奉斎の神勅（→30頁）に対応しており、従来天皇の宮殿でおこなっていたとされるまつりを受け継ぐものと位置づけられます。神勅を守るべき立場にある天皇にとって、まつりの場である同宮の維持管理もまた、必要不可欠なものでした。**式年遷宮**はそのための行事です。

神宮皇大神宮（伊勢神宮内宮）正殿
正殿の建物様式は唯一神明造と呼ばれる。地面を掘ってそのまま立てた掘立柱が、母屋に接することなく屋根の棟をじかに支える（＝独立棟持柱のある）構造は、弥生時代の土器に描かれた建物と共通する。〔神宮司庁提供〕

制度化された式年遷宮は持統天皇4年（690）からはじまったとされます。20年に1度、中核となる正殿などを新築し、あわせて、神宝や装束を新調する定めは、後の時代にも受け継がれていきます。なお、建築の様式や神宝の品種には、律令祭祀制成立以前のまつりとの共通点があります。制度化にあたり、伝統的な姿を求めていたことがうかがえます。

朝廷は、式年遷宮を実現させる手厚い制度を整備しました。その運営は、朝廷によって臨時に組織される造宮使が担いました。そして、経済的負担は、主として伊勢神宮の神戸が負いました。平安時代初期（9世紀初頭）の同宮には、7か国1130戸に及ぶ、大寺院と同等の経済基盤がありました。

古代の神社の実態

＊7　「じんこ」とも。元来は律令下の戸籍制度により定められた集団を指す。神祇令によれば、神戸の人びとの租税は、神の宮や神に供えるための器具を作るために充てられた。中世でも神戸の地を社領として維持していた神社は少なくない。

律令では、神社の維持・管理についても定められました。それによれば、神社を経済的に支える**神戸** ＊7 の納める租税を、社殿やまつりのために使うことになっていました。しかし、神戸などの、朝廷が整備した経済基盤は、伊勢神宮や大和国の神社など、一部には手厚く充てられましたが、大半の神社

COLUMN

全国的な式年遷宮維持体制の成立　役夫工米

神戸などに依存して式年遷宮を実現することは、平安時代後期（11世紀後半）には困難になりました。朝廷はこのころから、役夫工米という税制度を設けました。これは、国司管轄の公領か、貴族や大寺院などの領する荘園かにかかわらず、領地単位で式年遷宮の費用を負担する仕組みです。鎌倉時代初頭の建久4年（1193）になると、役夫工米は九州以外の全国に一律適用されました（九州は宇佐神宮〈大分県〉の式年遷宮を目的とした、同様の平均役を適用）。この措置を境に役夫工米は、中世の式年遷宮を実現する基礎的制度になるとともに、式年遷宮が、実質的に全国あげての行事に位置づけられました。

解説　まず神々をまつり、それから行政をすべきである。
政治における「神事優先」を求めた蘇我倉山田石川麻呂の意見。

にはなかったと考えられます。

　また、朝廷は、伊勢神宮の式年遷宮とは別に、国家的大事のときなどに、各地の神社を造営することもありました。ただ実際に造営された神社は少なかったとみられ、その維持については原則神社の神職などが担いました。当時のほとんどの神社は、みずから築いた経済的基盤に頼って、境内整備につとめる必要がありました。

　他方、律令祭祀制のもとでも、個々の神社でどのようなまつりをするかについて、朝廷は厳密な制限をしていませんでした。そのようななか、神社の神の力を仏教儀礼によって得るために、神前読経がおこなわれたり、神宮寺が各地に建立されたりなどしました。日本に根ざした神を仏教的な方法で信仰する現象を**神仏習合**（→ 63頁）といいますが、そのはじまりは古代にまでさかのぼります**＊8**。

＊8　神身離脱説や、護法善神の観念は古代から存在し、神のための仏教儀礼をおこなう理由となっていた。

祓

平城宮復原朱雀門
大祓のおこなわれたところ

◆ 朝廷の大祓

　神祇令には、大祓とよばれる祓**＊9**の儀式に関する定めがあります。6月・12月の晦日（最後の日）に、天皇と朝廷の役人が別々におこなうことになっていました。

　天皇の大祓は御贖ともよばれ、漢文体の祈願のことば「呪」を唱え、刀、そして人形を用いた、大陸から伝来した技法を中心とする祓です。天皇に災いがなく、皇位が長くなるようおこなわれます。

　役人の大祓の効用は、儀式で読まれる大祓詞からわかります。それによれば、天つ宮事と称される大祓の儀式をおこなうことで、日本の人びとが犯す天つ罪・国つ罪**＊10**が、八百万の神々の働きにより消失するとされます。

◆ 祓のひろまり

　この考え方に基づく祓は、穢などによって起きるよくないことを消し去り、よりよく生きるための行事とされました。平安時代中期（10世紀末）以降は、陰陽師や「法師陰陽師」とよばれる僧などが、さまざまな人びとの求めに応じ、大祓詞とほぼ同文の**中臣祓**を用い、祓をおこなうようになりました。

　他方、神社の神職は、古代から祓をおこなっていましたが、人びとへの祓を広くおこなうようになったのは、中世に入ってからのことです。

＊9　平安時代前期（9世紀半ば）成立の律令の注釈書『令義解』によれば、よくない物事を除去する儀式のこと。

＊10　『延喜式』の大祓詞に示された罪の分類。天つ罪は主に農耕の妨害行為で、記紀神話に記された高天原の素戔嗚尊の無礼な行動と同様である。国つ罪の内容は多岐にわたるが、祭祀関連氏族忌部氏の伝承を大同2年（807）にまとめた『古語拾遺』によれば、日本の人々が犯す罪とされる。

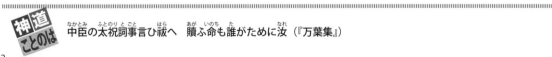

神道ことのは　中臣の太祝詞事言ひ祓へ　贖ふ命も誰がために汝（『万葉集』）

『**春日権現験記**』
紙冠をかぶり、俗人の陰陽師に扮した
法師陰陽師が描かれていると考えら
れる。〔國學院大學博物館蔵〕

公祭

春日大社

◆ 春日祭

　律令の制定事業がひと段落した後、朝廷では新たな祭祀が恒例
化されました。神護景雲2年（768）に社殿が創建された春日大社
（奈良県）では、**春日祭**が2月と11月の年2回おこなわれ、天皇の
内々の経済を管轄する内蔵寮の用意した幣帛を供える定めとなり
ました。

　同社の祭神は、律令国家以来政治の中枢にいた藤原氏や、朝廷
の祭祀を担う中臣氏などが、**氏神**（→下記コラム）と位置づけていました。社
殿創建時の天皇は、藤原氏の光明皇后（藤原光明子）を母に持つ称徳天皇で
した。春日祭で内蔵寮の幣帛を供えるようになったのは、天皇の母方の氏神
に対するまつりが重視されたことが要因と考えられます。そうした神に対す
る朝廷のまつりは、平安時代前期にその数が増えました。

◆ 賀茂祭

　血縁以外の要因で、天皇の幣帛を供えるまつりがはじまった神社もありま

氏神

　古代、「氏神」とは、朝廷が血縁に基づいて編成した集団「氏」をあげてまつる神のこと
を指しました。氏神はまつる氏ごとに違いましたが、春日大社の天児屋根命のように、氏
の祖先にあたる神を氏神とする例もありました。朝廷は、氏神をまつる氏の構成員「氏人」
の勤務を公休扱いにしたり、移動の自由を認めたりするなどして優遇しました。

　なお、天皇にとっての天照大神は、系譜上の祖にあたる神という点が一部の氏神と共通
しますが、そもそも天皇には氏の制度が適用されないので、「天皇家の氏神」などというよ
び方は適切ではありません。

　また現在、「氏神」とは、集落などの地域をあげてまつる神を指しますが、そのような意
味が一般化したのは近世のことです。

解説　祓をし、罪を贖った私の命は誰のためでしょうか。あなたのためです。
　　　古代の人びとは、本来罪を消すための祓に、別の効果を求めていた。

賀茂別雷神社

『賀茂祭草子』
中世の賀茂祭の行列を描いたものとされる。
〔國學院大學図書館蔵〕

す。山城国の賀茂御祖（下鴨）・賀茂別雷（上賀茂）の両神社（ともに京都府）です。その理由は、両社が平安京近郊に位置していたためと考えられます。

　両社のまつり**賀茂祭**（現在の通称葵祭）は、毎年4月におこなわれ、使が内蔵寮の幣帛を神社に持参し、天皇の祈願のことばである宣命を祭神に対して読むことになっていました。また、使が宮中を発つときには、内裏の天皇に報告をする定めでした。平安時代中期、使が神社に向かう道中の行列は、初夏の京の風物詩となっており、貴族も使の行列を見物しました。

◆ 公祭の特色

　春日祭や賀茂祭のように、神祇令に定めはないものの、血縁や地縁などで深く天皇とかかわる神社の祭神を対象として、公的におこなわれた恒例のまつりを、**公祭**といいます。公祭の多くは平安時代前期（9世紀末）までに成立しますが、石清水八幡宮（京都府）の**石清水放生会**（現在の石清水祭の前身）のように平安時代後期の延久2年（1070）になって恒例化されたものもあります。

　春日祭や賀茂祭で幣帛を用意したのが内蔵寮であったように、多くの公祭は、神祇官に役割を集中させずにおこなっていました。

石清水八幡宮
貞観元年（859）に僧行教が宇佐神宮の神霊を勧請し創建した神社。平安京の南郊の天皇守護の神と位置づけられる一方、清和源氏の氏神にもなり、中世以降武士の関心も集めた。

　使も、神祇官に属さない役人を中心に編成されることがありました。天皇の願意を伝えるため、公祭では律令にしばられることなく組織を動員し、とりおこなっていました[*11]。

＊11　平安時代中期（10世紀）になると、執行に対し天皇が強い権限を持つ臨時祭が特定の神社でおこなわれるようになり、神社に天皇が直接参る行幸も儀式化された。対象は一部の二十二社が選ばれている。

現在の賀茂祭の奉幣（賀茂御祖神社）〔松本昌子撮影〕

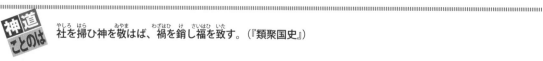
神道ことのは
社を掃ひ神を敬はば、禍を銷し福を致す。（『類聚国史』）

表3　平安時代前期（9世紀末）までにはじまった公祭

公祭	月日（上は1番目・中は2番目を示す）	開始時期※	国	宮中もしくは京近郊	氏人となる氏族
春日祭	2月上申日・11月上申日	神護景雲2年（768）	大和	○（平城京）	藤原氏（称徳天皇母系）
平野祭	4月上申日・11月上申日	延暦年間（782〜806）	山城	○	和氏・大江氏（桓武天皇母系双方）
園韓神祭	2月春日祭後丑日・11月新嘗祭前丑日		山城	○（平安宮中）	
賀茂祭	4月中酉日	大同年間（806）	山城	○	
松尾祭	4月上申日		山城	○	
梅宮祭	4月上酉日・11月上酉日	承和年間（834〜48）	山城	○	橘氏（仁明天皇母系）
大原野祭	2月上卯日・11月中子日	仁寿元年（851）	山城	○	藤原氏（文徳天皇母系）
杜本祭	4月上申日・11月上申日	仁寿3年（853）	河内		百済氏（文徳天皇外曾祖母系）
大神祭	4月上卯日・12月上卯日	貞観年間（859〜877）	大和		
当麻祭	4月上申日・11月上申日		大和		源氏（清和天皇外祖母系）
平岡祭	2月上申日・11月上申日	貞観7年（865）	河内		藤原氏（清和天皇母系）
率川祭	2月上酉日・11月上酉日	元慶・仁和年間（877〜887）	大和		藤原氏（光孝天皇外祖母系）
当宗祭	4月上酉日・11月上酉日	寛平元年（889）	河内		当宗氏（宇多天皇外祖母系）
山科祭	4月上巳日・11月上巳日	寛平10年（898）	山城		宮道氏（醍醐天皇外祖母系）

※開始時期は岡田荘司編『事典　古代の祭祀と年中行事』（吉川弘文館）にもとづく。

二十二社

◆ 二十二社の成立

＊12　現在、神の尊称として用いられる「明神」と読みは同じ。著名な神という意味と考えられる。『延喜式』には、「名神祭」の対象などに関する規定があるが、名のあがっていない神社の祭神も「名神」とされた。

　平安遷都の前後（8世紀末）から、朝廷は、国家的な重大事や、甚大な農耕関連の災害に際し、名神＊12と称された神々の神社に対し、臨時の奉幣をおこなうようになりました。その対象は全国にわたりましたが、平安時代中期（9世紀末〜10世紀なかごろ）になると、伊勢神宮を筆頭とする特定の神社16社に対する同時奉幣が儀式化されました。対象神社は、文字通り**十六社**と総称されました。

　対象となる神社の数は、摂関期（10世紀末）に集中的に増えました。それらのなかには、従前の朝廷祭祀の対象でなかったところもありました。京で疫病を防ぐ神として注目され、夏の御霊会（現在の祇園祭の前身）がおこなわれた祇園社（現八坂神社　京都府）や、延喜3年（903）の没後、朝廷の要人に祟る怨霊とおそれられた、菅原道真を天神としてまつる北野天満宮（京都府）などです。

　そして、平安時代後期の永保元年（1081）に、天台の霊山比叡山の鎮守、

解説　神社を清掃し神を敬えば、神は災いを消しよいことをもたらす。
現在でも神社の神職は掃除を重視するが、古代はそれが義務となっている者がいた。

北野天満宮
創建は祭神である菅原道真の没後 40 年以上を経た天暦元年（947）。

現在の祇園祭の御輿渡御
平安時代から神社の神輿が平安京内をめぐっていた。中世になると、山鉾 巡行が京に住む人びとの関心をあつめ、現在の祇園祭の象徴にもなっている。
〔神社新報社提供〕

表4　二十二社一覧

神社	国	官社	十六社	特色
伊勢	伊勢	○	○	皇祖神をまつる
石清水	山城		○	貞観元年（859）創建。平安京南郊の神社
賀茂	山城	○	○	平安京北郊の神社。下鴨・上賀茂の 2 社
松尾	山城	○	○	平安京西郊の神社
平野	山城	○	○	平安京北郊の神社。桓武天皇母系氏神（和氏・大江氏）
稲荷	山城	○	○	平安京南東郊の神社
春日	大和	○	○	天皇の母系氏神（藤原氏）
大原野	山城	＊	○	天皇の母系氏神（藤原氏）。藤原氏北家と関係
大神	大和	○	○	崇神朝の伝承あり
大和	大和	○	○	崇神朝の伝承あり
石上	大和	○	○	垂仁朝の伝承あり
広瀬	大和	○	○	神祇令祭祀の対象（大忌祭）
龍田	大和	○	○	神祇令祭祀の対象（風神祭）
住吉	摂津	○	○	神功皇后関係の伝承あり
日吉	近江	○		比叡山の鎮守
広田	摂津	○		神功皇后関係の伝承あり
梅宮	山城	○		仁明天皇母系氏神（橘氏）。藤原氏北家御堂流と関係
吉田	山城			一条天皇の母系氏神（藤原氏）。藤原氏北家山蔭流と関係
祇園	山城			平安京東郊の神社。防疫神
北野	山城			平安京北郊の神社。天神（菅原道真）をまつる
丹生	大和	○	○	祈雨奉幣の対象神社
貴布禰	山城	○	○	祈雨奉幣の対象神社

※官社の是非は『延喜式』にもとづく、ただし、大原野社の官社化は長元 3 年（1030）。

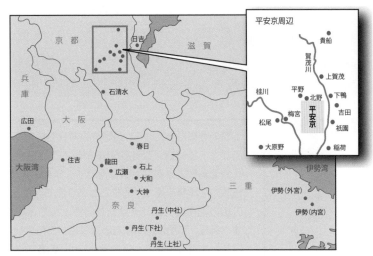

二十二社地図　　　　　　　　　　　　　　※岡田荘司作成、『神道事典』（弘文堂）より。

つまり守護神としての神社に位置づけられた日吉大社（滋賀県）が加わることで 22 社に至り、総称も「**二十二社**」となりました。

◆ 二十二社のまつり

　二十二社に対する奉幣は、従来の名神奉幣と同様、さまざまな目的にあわせ、臨時におこなわれました。ただ、恒例化され、春と秋の年2回おこなわれるようになったものもありました。稲の稔りを求める**祈年穀奉幣**です。この奉幣は、神祇令の祈年祭とは違い、伊勢神宮と、その他それぞれの神社に向け、使が幣帛を持参します。二十二社に対するまつりにおいても、引き続き稲作は重んじられていました。

　二十二社の中には、中世になると、社領を得たり、朝廷の保護を受けたりするなどして、その勢力をひろげた神社もありました。現在、各地の八幡・伊勢など、同様の名がついた神社は各地に多くありますが、それらのなかには、ここで述べた二十二社の勢力拡大の過程で、それぞれの神霊を勧請[*13]したところがあります。

＊13　もととなる神社の神霊を、別のところで迎えまつること。

|事後学修|

　古代の伊勢神宮でおこなわれていた、神祇令の祭祀についてくわしく調べてみましょう。さらに、伊勢神宮以外の二十二社の中から1～2社を選び、そこでおこなわれていた律令祭祀や公祭などについて調べてみましょう。

第**5**章 中世

II 歴史からみる神道

エリック シッケタンツ

|事前学修|

仏教の寺に行った時に、鳥居や稲荷社を見たことがありますか？ 稲荷信仰で有名な豊川稲荷でさえ神社ではなく、仏教曹洞宗の妙厳寺という寺です。また、神社に行けば、仏教的な建築を見かけることもあります。たとえば、出羽三山の羽黒山では、五重塔が国宝として保存されています。また、下記の記事にあるように、コロナ禍に面して復興した北野天満宮の北野御霊会では、仏教の僧侶と神主がいっしょに疫病退散を願いました。

別々の宗教であるはずの神道と仏教はなぜここまで混交しているのでしょうか？ 両者の関係を理解するには、古代から始まった神仏関係を知らなければなりません。神仏の関係がもっとも密接であった時代として、中世は特に注目に値します。

神社やお寺を訪れたり、行事を見に行ったりして、あなたが住んでいる近所で神仏関係はどのかたちを取っているかを確認してみてください。

延暦寺と北野天満宮がタッグ　神仏にコロナ退散祈る北野御霊会

　比叡山延暦寺（大津市）と北野天満宮（京都市上京区）が同宮で4日、国の平安や疫病退散などを祈願する神仏習合の儀式「北野御霊会」を営んだ。非業の死をとげた学問の神様様・菅原道真の御神霊を慰め、コロナ禍の早期終息などを祈った。

　神職や僧侶ら約30人が参列。北野天満宮の橘重十九宮司が祝詞を奏上したり、延暦寺の僧侶たちが法華経の法要「法華三昧」を奉納したりした。儀式の後、橘宮司は「この重要な祈りの儀式をこれからも続けていきたい」と話した。延暦寺の水尾寂芳執行は「必ずや御加護あるものと信じている」と語った。

　北野天満宮では、987年から天皇の使者が遣わされる勅祭「北野祭」が開かれ、御霊会はその一環。神道と仏教が融合した神仏習合の歴史の中で、同宮と延暦寺は本山と末寺の関係にあり、御霊会には同寺の僧侶を迎えてきた。1467年に始まった応仁の乱以降途絶えていたが、昨年、約550年ぶりに再興された。

（朝日新聞デジタル、2021年9月5日）

多様化する神道

　中世の重要な特徴は権力の多様化です。12世紀になると荘園制が本格的に展開しはじめ、荘園を経済基盤にして朝廷とともに武家と有力な寺社が権力集団として登場します。これらの歴史的な変遷は、むろん神道の有り様にも大きな影響を与えることとなりました。

　中世には、伊勢神道をはじめとする神道の理論化とその体系化が本格的に始まり、神祇信仰が広がりをみせました。中世神道の社会的な背景として神仏習合の文化があり、中世末期には少しずつ神職の間の新しい自覚意識が生まれてきました。本章では、神仏習合を中心として中世の神道における主要側面を紹介します。

◘ 中世的神祇信仰の展開──民衆のなかの神祇

　律令に基づいた神社維持制度の崩壊は、神社にとっても大きな影響をおよぼしました。多くの有力神社においても新しい経済的基盤を生み出そうとしていくことにもつながり、神社をよりしっかり庶民の信仰世界のなかに位置づけるという効果をもたらしました。

　数多くの神領（荘園）を有していた伊勢、熊野、石清水、稲荷、春日、住吉、日吉などの有力神社は、それぞれの所領地に本社の祭神をまつる神社を設けることで、これらの神々に対する信仰が各地に伝播することになりました。いわゆる勧請（かんじょう）と呼ばれます。有力神社による勧請が増加することによって、神祇信仰は広く民衆の間で普及し、その結果として八幡・天照・天神・稲荷・熊野の神々は、それぞれの信仰を広げることとなったのです。

　また、律令制の崩壊は、特に天照大神を祭神とする伊勢神宮にも画期的な変化をもたらしました。そもそも伊勢神宮は古代から天皇による国家的な祈願を主とする社でしたが、鎌倉時代末期には、参詣者のために神事が行われていた記録が残っているものの、室町時代に入ると、伊勢は武家や庶民にとっても重要な参詣聖地と変貌し、内宮・外宮の外に参詣者に多様なサービスを提供する門前町（宇治と山田）が成立しました。

　その背景には、明徳4年（1393）以降、足利義満（1358-1408）は例年の伊勢参宮を開始するなど、武士階級における伊勢信仰の普及が指摘できます。足利将軍家の伊勢参宮に見倣う形で、武田家・細川家・畠山家など、室町幕府の主な御家人も参宮を開始しまし

伊勢神宮内宮
〔神宮司庁提供〕

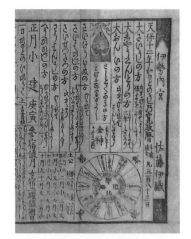

伊勢暦（天保12年〈1841〉版）
檀那のもとを訪れた伊勢の神宮の御師たちは、近世には御祓大麻のほか伊勢暦などを「お土産」として頒布した。
〔國學院大學博物館蔵〕

た。足利将軍の伊勢参詣は15世紀を経ても続き、伊勢神宮の参詣聖地化に拍車をかけました。武家による伊勢参詣は、数多くの勧進（寄附）を生み出すことにもつながり、神宮への重要な経済的支援となったのです。

神宮の参詣聖地化の上で重要な役割を果たしたのは、**御師**（おんし）と呼ばれる宗教者たちでした。御師の活動によって、従来朝廷専用であった神宮は個人の祈願も受け付ける過程が始まりました。御師は、神宮で参詣者のためにお祓いや祈祷などの神事を行い、彼らの宗教的なニーズにも応じたほか、天照大神の信仰を説く書物を著し、国内を遍歴し、檀那と呼ばれる神宮の支援者たちを訪れ、祈祷のしるしである御祓大麻を頒布しました。御師たちの活動によって、各地で**伊勢講**という信徒集団が成立し、組織性を帯びた形で伊勢信仰が武士階級のみならず、各地の民衆の間でも広がっていったのです。

鎌倉時代の文献である『勘仲記』（弘安10年〈1287〉）には、外宮遷宮の際、「参詣人幾千万なるを知らず」という記述があります。「幾千万」という数字は参詣者がとても多かったことを示しており、こうした経緯からも、伊勢信仰は現地に限定された信仰から、超地域的な「開かれた」信仰に変貌を遂げたのです。この傾向は特に中世後期、都市の発達とともに明確になり、江戸時代の「おかげ参り」に代表されるような参宮の基盤を築くことにもつながりました。

熊野那智参詣曼荼羅
上部に日輪・月輪を描き、画面の右には那智の瀧を配置するなど、那智山の社殿等を描いた境内一円図となっている。掛け軸仕立てであり、御師・熊野比丘尼らが携帯し、熊野信仰の絵解きに実際に使用したと考えられる。〔國學院大學図書館蔵〕

中世における聖地参詣の流行は、伊勢に限定されたものではなく、伊勢よりも早く庶民の参詣対象となっていたのは熊野でした。紀伊半島の熊野三山（熊野本宮大社・熊野速玉大社・熊野那智大社）は、古くから聖地として知られていました。平安時代には、鳥羽天皇や白河天皇などをはじめとする朝廷と貴族の**熊野詣**で有名で、中世になると、熊野の先達や御師が国を遍歴し、熊野に対する信仰を説き、参詣者を熊野へ案内しました。中世末期から近世にかけて成立する「熊野那智参詣曼荼羅」は当時の参詣風景を伝えています。

室町時代に入ると、荘園制の弱体化が顕著となり、村落が自治共同体とし

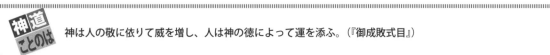

神道ことのは 神は人の敬に依りて威を増し、人は神の徳によって運を添ふ。（『御成敗式目』）

て表舞台に出てきました。その結果、以前から存在してきた**宮座**はその重要
性を一層ますこととなりました。宮座は有力農民が結合し、祭礼運営ととも
に村落の運営を行う組織で、祭祀を通じて村落の共同生活を運営していたの
です。現在も地域によっては、神社の祭礼の維持や運営の一部にかつての宮
座がかかわるような事例もあります。

　重要な決定を行う際、村民は神社で集まり、**起請文**とい
う文書を書き、それを焼くことで全員が同意していること
を誓約しました。起請文は中世の信仰文化の一つの特徴で
す。起請文は人と人の間の約束の際、違背しないことを神
に誓って燃やす文書のことです。約束事を破った場合には、
神々が罰を与えると考えられていました。中世では、神々
は「祟り」をもたらす存在でもあり、「賞罰」をもたらす存
在でもありました。つまり、神における道徳的な側面も強
調されるようになり、神々は一方的に行動するのではなく、個々の人間の行
動に応じると考えられました。神は人間に信心を求めて、その存否にもとづ
いて賞罰を下したのです。それゆえ、起請文を記すことによって、約束の信
憑性が高まることとなりました。僧侶の厳成は、応保2年（1162）に「この
起請文は、今後飲酒の際に、もし一杯を超えて杯を重ねるようなことがあれ
ば、王城鎮守八幡三所・賀茂上下・日吉山王七社・稲荷五所・祇園天神、こ
とに石山観音三十八所の罰を、三日もしくは七日の内に、厳成の身の毛穴ご
とに受けてもかまわないことを誓約するものである」*1 という起請文を残し
たことが知られていますが、厳成がどの人間や組織に向けて起請文を書いた
かは明確ではありません。飲み過ぎを避けるために自分自身に向けて誓った
ものだという捉え方も可能かもしれません。

中世政権と神祇道

　平安末期から鎌倉時代になると、武士が実権を握るようになりました。む
ろん、武士たちにとっても神祇祭祀は重要な意義を持っていました。もっと
も代表的なのは、おそらく八幡宮と鎌倉幕府の関係です。

　八幡信仰は、九州の宇佐神宮（大分県）に始まり、八幡宮の多くは応神天
皇、比咩神、天皇の母后である神功皇后の三柱が一緒に祀られています。養
老4年（720）、隼人の反乱の際、八幡神は大いにその神威を発揮し、隼人の
鎮圧に貢献したことで知られています。天平勝宝元年（749）、東大寺の大仏
建設の際には、八幡神が大仏の完成を助けるという託宣をくだしたことで、

起請文
起請文は誓紙ともいい、神仏を
仲立ちとして偽りがあれば神仏
の罰をうけることを誓い、文書
に書いたもの。誓いの内容を記
した前書と、違背した場合に神
仏の罰をこうむることを記して
神名を列記した神文の部分から
なっている。この起請文は那智
社の牛王宝印の裏面に書かれて
いる。〔國學院大學博物館蔵〕

＊1　佐藤弘夫『起請文の精神
史』講談社、2006、18頁

奈良へ勧請され、東大寺の守護神となりました。その後、貞観元年（859）には、八幡神が宇佐神宮で僧侶の行教に「吾れ都近く移座して国家を鎮護せん」という託宣を下し、**石清水八幡宮**が建立されました。

　寛徳2年（1045）に、源義家（1039-1106）は元服式（成人式）を石清水八幡宮で行い、義家は数々の武勇を残したことから「八幡太郎」と呼ばれました。源氏はその後、武士にふさわしい軍神であると、八幡を氏神として祀るようになりました。中世に入ると、源氏と八幡神の関係はさらに密接となり、鎌倉幕府が成立すると、幕府の守護神ともなりました。

　源氏と八幡の関係をもっともよく象徴しているのは治承4年（1180）に源頼朝（1147-1199）によって現在の地に建てられた**鶴岡八幡宮**です。ここで開催される放生会やその流鏑馬などの所役奉仕は幕府の御家人の義務であり、鶴岡八幡宮は源氏の私的な宗教施設ではなく、鎌倉幕府にとって公的な機能も持ち合わせていたのです。その意味では、鶴岡八幡宮は鎌倉幕府の儀礼的・精神的な中心だったといえます。八幡信仰と源氏の興亡は密接に関係しているとされ、将軍である頼朝自身が鶴岡八幡宮の行事に参列しました。鎌倉幕府の権威の拡大と並行して八幡信仰は各地に広がりをみせ、源氏の御家人が支配した地域へ八幡神が勧請され、八幡宮のネットワークが全国に成立しました。東国をはじめとして、八幡信仰が各地に根づくことで、これは「複数の顔」を持つ神を生み出しました。武士たちにとって、八幡は戦勝をもたらしてくれる武神として崇敬されると同時に、庶民は八幡に豊作や疫病退散を願う祈りを捧げたのです。

　八幡のみならず、源家にとって重要な意味を持っている神社は他にもありました。たとえば、伊豆国の伊豆山神社です。軍記物語などでは、若き頼朝は伊豆国に配流された時に、伊豆山神社で平家打倒の祈願を行いました。また、同社は頼朝と妻の北条政子（1157-1225）が忍び逢う場所だったともいわれています。つまり、平家に対する勝利を可能にした源氏と北条氏の協力とを象徴する社です。文治4年（1188）以降、源頼朝は毎年伊豆山神社をはじめ、源氏による政権形成とのゆかりを持つ神社に参詣しました。頼朝は伊勢神宮にも御師に祈願を依頼し、また御厨を寄進したりしました。

　鎌倉幕府第三代執権北条泰時は貞永元年（1232）に『**御成敗式目**』（別称『貞永式目』）という文書で鎌倉幕府の基本法を定めました。この法律文書は鎌倉幕府の御家人が従うべき規則を示すものです。その第一条「神社を修理し、祭祀を専らとすべきこと」には、「神は人が敬うことによってその神威を増す

鶴岡八幡宮
源頼義が奥州を平定して鎌倉に帰り、源氏の氏神として京都の石清水八幡宮を由比ヶ浜辺に祀ったのが始まりとする。御祭神は応神天皇、比売神、神功皇后。初詣の参拝者が多い著名な神社として知られている。

ものであり、人はまた神の徳によって運が開かれてくれるものである。それゆえに、年中恒例の祭祀がすたれないようにし、その祭祀及び供え物にも真心をこめておろそかにしてはならない」[*2]と記され、武士たちが神祇と神社に対して持つべき姿勢が示されています。この法令は神と人の関係を一方的な関係ではなく、相互的な関係として捉える点に注目すべきです。神祇祭祀を通じて、鎌倉幕府は神々の加護を得ようとし、政治共同体と神祇との関係が強調されています。室町幕府も鎌倉時代の北条泰時の定めたこの式目に学び、類似した法を定めました。これらの法令は幕府と武士たちの団結を促し、武士階級を統制する上で役立ったといえます。

　鎌倉幕府、室町幕府ともに平安時代の朝廷と貴族による熊野参詣などの神社参詣や、武士政権を中心とした神祇への祭祀体系を通じ、幕府の権威を示そうとしました。足利氏の伊勢参詣についてすでに述べましたが、室町幕府4代将軍の足利義持（1386-1428）は、神祇への信仰が特に篤かったことで知られています。対外的な軍事の緊張関係を背景として、義持は「軍神」の八幡に注目していたのです。源氏が鶴岡八幡宮を宗教政策上重視していたのに対して、足利将軍家は石清水八幡宮をその神祇政策のなかへ取り込みました。

　中世を通じて、神社と神祇祭祀は多様な形で権力構造の中に統合されていましたし、政治の重要な舞台の一つでもあったといえます。

＊2　『公道の根本①公務精神の源流（古典大系　日本の指導理念1）』第一法規出版、1983、194頁

神仏習合

多度大社本宮
多度大社は、神宮寺建立後も朝廷による神事の対象であり続け、神宮寺などの仏教組織とは別の歴史的経緯をたどり、現在に至っている。
〔多度大社提供〕

　神仏習合とは日本固有の神々と仏菩薩の融合関係を想定する思想を指しています。一般的には神々と仏たちが入り混じって、お互いに対等な関係にあると考えられていますが、神仏習合の歴史はこれよりもう少し複雑なものです。中世における神道を理解するためにたいへん重要なので、本章にて紹介しておきましょう。

　仏教が伝来された多くの国々を見れば、日本の神仏習合に類似した現象を確認できます。それゆえ、神仏習合は日本固有のものではなく、中世から始まった現象でもありません。実は6世紀後半の仏教伝来の時代にさかのぼります。神仏習合はいくつかの段階を経て発展しました。第一段階の代表的な現れは神宮寺という宗教施設でした。8世紀初頭から成立する神宮寺では、仏教の僧侶が神のために読経すること、そして神を菩薩という称号で祀ることが行われました。

解説　どんな神さまがいらっしゃるか知らないけれども、ありがたさに涙がこぼれることよ。
この歌は鎌倉時代の歌人である西行が伊勢神宮を参拝した時に詠んだもの。

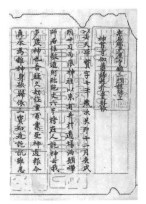

多度神宮寺伽藍縁起并資財帳写
〔國學院大學図書館蔵〕

＊3 末木文美士編集委員、松尾剛次ほか編集協力『日本仏教の礎（新アジア仏教史11 日本1）』佼成出版社、2010、263頁

丹生四社明神像
〔國學院大學博物館蔵〕

天平宝字7年（763）に建立された多度神宮寺の例を取り上げてみましょう。伊勢国の多度神社は、古代から名神として朝廷の神事の対象となり、祭神には神祇のための神階が贈られるなどしていましたが、『多度神宮寺伽藍縁起並資財帳』（延暦20年〈801〉）によると、神社とは別に僧侶の満願によって多度神宮寺が建立されました。満願は多度の神から託宣を受け、その中で神は「私は多度の神である。私は久しい間生きてきて、重い罪業をなした結果、神道の報いを受けるに至った。今願わくは、永遠に神の身を離れて三宝に帰依したいと思う」＊3 と嘆きました。仏教的な宇宙観からすると、神はまだ六道輪廻循環のなかに入っており、その状態からの救済を必要とする存在でした。つまり、神宮寺は神を救済する目的で建立されました。神宮寺で読経をあげてもらった多度の神はその後多度菩薩として祀られるようになりました。この現象を神身離脱といいます。

次の段階では、現地の神々は仏教寺院の守護神として現れます。仏法を守る**護法善神**です。比叡山の地主神を祀る日吉社と高野山の地主神を祀る丹生都比売神社はその好例です。つまり、日本の神々は仏教的な宇宙観のなかへ統合されました。その背景には、仏教の土着化のために、現地の神祇との関係を築く必要性がうかがえます。

神仏習合という形で仏教は神祇世界を包摂する論理を立てましたが、これは完全な制度ではありませんでした。たとえば、中心的な国家儀礼の新嘗祭の際、朝廷で仏事を行うことが禁止されていました。新嘗祭は天皇自身が神事を行うため、その領域空間から仏教的な要素を排除する必要性が感じられました。このような現象を**神仏隔離**とよびます。また、伊勢神宮では、神事祭司の間で仏教用語の使用を避ける傾向が存在していました。伊勢神宮の儀式書である『皇太神宮儀式帳』（延暦23年〈804〉）は、神宮において仏教用語を「忌詞」として使用せず、仏の代わりに「なかご」、僧侶の代わりに「かみなが」、お経の代わりに「そめがみ」を用いるべきだと述べています。これを**仏法忌避**といいます。また、13世紀末ごろに成立した『古老口実伝』は神宮の周辺では念仏を唱えることが禁止されていると記されています。

本地垂迹説

中世日本の神仏習合を完成させたのは**本地垂迹**（ほんじ すいじゃく）説です。本地垂迹は、仏菩薩の仮の姿が神だとする考え方です。この説では、仏菩薩が本体（本地）で、日本の神は仏の化身（垂迹）だとしています。

本地垂迹説的な考え方は、すでに『叡山大師伝』（仁寿2年〈852〉）や『日

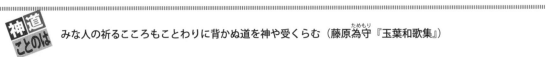

本三代実録』に確認できますが、本格的に流布したのは10世紀の平安中期からです。本地垂迹説の影響下で日本の神々は仏菩薩の仮の姿として理解されました。そのため、これらの神に対して権現（ごんげん）という言葉が使用されました。権現とは、仏が「権（かり）」の姿をとって「現」れるという意味です。権現が人々を仏教の教えへ導くと見なされていました。このように、神々が権現という救済者としての役割も果たすようになりました。平安時代から明治維新まで権現として見なされていた神々はたとえば熊野三山、白山、出羽三山などです。

　特に12世紀以降、特定の神は特定の仏菩薩の垂迹と同一視されるようになりました。たとえば、八幡は一般的に阿弥陀仏の垂迹とされていました。銅などの材料からできた円盤を鏡に見立て、それに仏像を彫った懸仏（かけぼとけ）というものを祭神の本地を示すために社殿にかけることはこの関連で生まれた習慣です。本地垂迹思想の一つの効果は仏菩薩の土着化でした。仏教伝来の際、仏菩薩は主に外来の神として見なされていました。現地の神と同一視することによって、仏菩薩はその異国の雰囲気を脱することが可能となりました。

　しかし、そもそもなぜ仏菩薩は仮の姿を取らなければならなかったのでしょうか？　これを理解するために、和光同塵（わこうどうじん）（光をやわらげてちりに交わる）という概念が重要なキーワードとなります。つまり、仏や菩薩がありのままの姿で人々の前に現れると難解すぎるので、一般人にとってわかりやすい日本の神の姿を選んだということです。和光同塵のモチーフはたとえば有名な仏教説話集である『沙石集』（弘安6年〈1283〉）に確認できます。『沙石集』を記した鎌倉時代の僧侶、無住一円（1226-1312）は「我が国では、仏の威光をやわらげて神としてまず現れ、人々の荒々しい心をやわらげ、仏法を信じさせる方便となさった」と記したのち、「だから、他国に縁を結んでいる仏菩薩の身を重くみて、我が国に相応した神の形を軽んじるべきではない。我が国は神国として、仏菩薩が仮に神の姿で出現なさった」[4]と書いています。仏や菩薩はそれぞれの国ではその現地に適した姿で現れるので、「神国」である日本で土着の神の姿で現れるのはもっともふさわしいとしました。

　この例から判断すると、本地垂迹の思想はかならずしも神を軽視し否定する思想ではなく、むしろ、人々に身近な存在として、神々こそが人々を救済へ導くことができるとも考えられていました。本地垂迹思想では仏と神は最終的に同体なので、以前の神身離脱や護法善神と比べると、神仏はより対等な関係を持っていました。

僧形八幡神像
八幡神は八幡大菩薩とも呼ばれ、仏教との関わりが深い神である。しばしば、僧侶の姿の木造や絵画が制作された。本像では、左手に念珠、右手に錫杖を持ち、蓮の花を象った台座（蓮台）の上に座る。この八幡神の形式は、神護寺（京都府）が所蔵する絵画や、現在は東大寺（奈良県）が所蔵する木造の僧形八幡神像と共通している。
〔國學院大學博物館蔵〕

＊4　一円著、小島孝之校注・訳『沙石集（新編日本古典文学全集52）』小学館、2001、29頁

解説　人が祈るさまざまな願いごとは、道理に背かないものならば神は聞いてくださるだろう。
この歌は、京極為兼撰の勅撰和歌集である『玉葉和歌集』に収録されている、公家で歌人であった藤原為守の歌。

65

神祇のみならず、聖地の仏教的な解釈も見られます。たとえば、石清水八幡宮や熊野三山はこの世における阿弥陀仏の極楽浄土として見なされました。『熱田講式』（永正6年〈1509〉）という文献には「歩みを社壇に運ぶことは、すなわち穢土を出て浄土に詣でるための初門」[*5]とあり、人々はこれらの聖地へ参詣し、極楽浄土での生まれ変わりを祈願しました。すでに登場した熊野の御師たちは「熊野観心十界曼荼羅」などの図絵を使って、これらの聖地は浄土だということを宣布したのです。

＊5　佐藤前掲書、137頁

多様な神道教説の成立

◆ 両部神道

中世は多数の神道教説の体系が成立する時代でした。元来、神道には理論体系が乏しかったのですが、密教系の仏教思想の影響下で独自の神道教説体系が発展しました。**両部神道**は仏教の内部から誕生した思想として注目すべきです。両部神道の思想は伊勢神宮を強く意識し、内宮と外宮をそれぞれ密教の胎蔵曼荼羅と金剛界曼荼羅として理解しました。胎蔵曼荼羅と金剛界曼荼羅は一組で悟りの境地を表しています。これによって、伊勢神宮は仏教的な文脈でも重視され、天照大御神は宇宙根本の仏である大日如来と同一視されるようになりました。両部神道の代表的な著作物は『中臣祓訓解』です。『中臣祓訓解』は大祓詞である中臣祓を密教的な観点から解釈し、「己の心念清浄なれば、諸仏此の心に在りと云々。清浄は即ち己心清浄の智用、寂静安楽の本性なり。不浄は便ち生死輪廻の業因なり。故に不浄は生死の穢泥太だ深し」[*6]と説き、お祓いの重心を外面の浄化から、内面の浄化に移しました。神が心中に宿り、祭祀における心構えを重視する考え方は中世神道の一つの大きな特徴です。

上述したように、神々は正直で信心深い人にこそ応じました。『鹿島問答』（北朝：建武4年・南朝：延元2年〈1337〉）における「心だに誠の道に叶ひなば祈らずとても神は守らん」[*7]という言葉はこの考え方をよく捉えています。両部神道が示しているように、伊勢神宮では仏教用語が忌避されていたものの、神宮自体は仏教的な宇宙観のなかで位置づけられるようになりました。両部神道と陰陽師の儀礼の影響を受けて、伊勢神宮の神官は病気治しや安産などを目指す祈祷系のお祓い形態を形成し、有力層を対象とした個人的な祈

中臣祓記解
『中臣祓訓解』と共通する本文を有し、『中臣祓訓解』の異本とされる。
〔國學院大學図書館蔵〕

＊6　伊藤聡『神道の中世』中央公論新社、2020、148-149頁

＊7　國學院大學日本文化研究所編『縮刷版 神道事典』弘文堂、1999、11頁

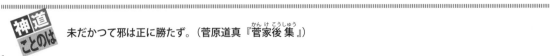

神道ことのは　未だかつて邪は正に勝たず。（菅原道真『菅家後集』）

袚という新領域への進出を図りました。このお祓いの形態を**伊勢流祓**と呼びます。かつて、主に「罪」や「穢れ」を浄化するために行われたお祓いですが、伊勢神宮の神官が行う儀礼に新しい機能が加わりました。室町時代に入ると、両部神道の系譜を受け、三輪流や御流神道などの神道流派が成立しました。

◆ 伊勢神道

　中世後期以降、神道の自覚意識が次第に強くなり、神道が仏教主導の神仏習合から離れ、独自の考え方を強く打ち出すようになりました。この動きは13世紀末の**伊勢神道**に始まり、その後台頭した吉田神道で完成しました。伊勢神道と呼ばれる思想を生み出したのは伊勢神宮の外宮に神職として奉仕していた度会氏でした。そのため、度会神道ともいいます。伊勢神道成立の歴史背景は外宮の経済的な困窮によるものでしたが、**度会行忠**（1236-1306）は、独自の思想を打ち出すことによって外宮の復興を図りました。彼は『中臣祓訓解』などの両部神道書に刺激を受け、自らの思想体系を成立したのです。

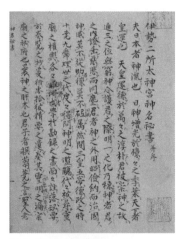

伊勢二所太神宮神名秘書
略して『神名秘書』という。度会行忠の著。内外両宮の祭神、由緒、相殿、摂末社などについて記す。〔國學院大學図書館蔵〕

　度会行忠は『神名秘書』（弘安8年〈1285〉）にて、道家思想や陰陽思想を援用しながら伊勢の内宮と外宮を宇宙の究極の根源として想定し、外宮で祀られている豊受大神の位置を上昇させようとしました。従来、豊受大神は天照大御神の食事をつかさどる供膳の神として、天照の下位に置かれていましたが、『神名秘書』では、豊受大神は宇宙のエネルギーである気をつかさどる存在または天地開闢に先立って生まれた天御中主神として再解釈され、天照大神との対等な関係を主張するようになりました。

　その後、伊勢神道では両神の関係は日月や陰陽に例えられるようになりました。また、両部神道と同様に、伊勢神道は心中に宿る神と内面からの穢の排除という内面を重視した教説を説きました。

　伊勢神道の思想は秘伝として度会氏の間で伝承されました。聖教には教義だけではなく、神具や儀礼作法も含まれていました。たとえば、特別に有効とされた祓詞（心身からさまざまな不浄を取り除く呪文）がその秘伝の一つとして伝承されました。

　伊勢神道のもう一つの主要な特徴は神仏関係に関する議論です。**度会家行**（1256-1351）は神道を仏教と無縁のものではなく、大日如来の真実を現すものとして理解し、伊勢神宮をこの世でさまよう人々を輪廻転生から救済する場として見なしました。さらに、家行は従来の仏教主導の本地垂迹思想に対して

解説
いまだかつて、邪悪が正義に勝ったことはない。
『菅家後集』は菅原道真による大宰府左遷後の漢詩46編を集めた書。

反論を試みました。伊勢神道の思想体系は道教文献を援用して、仏教思想に頼らない理論に基づいて、神々を論じました。この理論において、神々は仏や菩薩の化身としてではなく、陰と陽の働きによって位置付けられています。これによって、本地垂迹思想から独立した神理論が可能となりました。

◆ 吉田神道

吉田兼倶
〔國學院大學図書館蔵〕

伊勢神道に始まった仏教主導主義の相対化は、中世末期にさらに発展しました。この神道教説のさらなる発展の原動力となったのは京都の吉田神社の神職たちです。

応仁の乱の後、戦禍の影響で室町幕府の権力は衰え、京都の市中は廃墟となり、朝廷と公家が京都を離れました。この空白に機会を見出し、吉田神社の神職であった吉田兼倶（1435-1511）は、独自の神道説を唱えたのです。

兼倶は朝廷で『日本書紀』について講義し、神祇大副（神祇官次官）として神祇官に仕えていた人物でした。兼倶はすべての神々を包括する霊場（斎場所）を建設し、全国神職に対する影響の拡大を図ろうとし、朝廷における人脈と神祇官での立場を動員して応仁の乱の最中から宗源宣旨と呼ばれる文書を発給しはじめました。宗源宣旨とは、天皇の代理として、神祇管領長上という役目が発給する文書です。当時の乱世では、兼倶が神祇管領長上と自称して、神位の発給をはじめました。この権威を使用して、兼倶は神々に神階（神のランク）を与えました。宗源宣旨を特に地方のあまり影響力のない神社に発給することによって、吉田神道は次第に多数の神社を自らのネットワークのなかへ統合することに成功したのです。さらに、後土御門天皇は文明5年（1473）に吉田神社に設けられた斎場所のために資財を寄付し、斎場所を「神国第一之霊場」とまで絶賛しました。

吉田斎場所図小屏風
斎場所は、足利義政の妻である日野富子などの寄進によって、文明16年（1484）、現在の吉田神社の境内に遷座した。この絵に見られる八角形の社殿を持つ大元宮は、慶長6年（1601）に豊臣秀吉の室である淀殿によって寄進されたものである。
〔國學院大學博物館蔵〕

兼倶らの活動を支えていたのは独自の思想体系でした。兼倶は吉田家における古くからの伝授を主張して、吉田神道の秘伝を形成しました。吉田神道は神と人の根本的な合一を説き、この真実を自覚することは人々の課題としました。しかし、この教えの対象は一般庶民ではなく、朝廷や武士階級のエリート層でした。兼倶は斎場所で武家と公家を対象として祈祷を行い、秘伝を伝授することで多くの信奉者を獲得し、吉田神道の優位を築いたのです。

また、思想面では、兼倶は神道を宇宙の原理として捉え、その根源として天地開闢の際に現れた大元尊神を祀りました。大元尊神を祀るために、兼倶

は斎場所の中心に八角形の大元宮を建てました。彼は大元尊神を中心とした神道を「元本宗源神道」と呼び、もっとも優れた神道と見なしました。他の神道説は仏教の影響を受けた「本迹縁起」であって「両部習合神道」だとし、吉田神道こそが根源的な神道だと主張しました。

　なお、神仏習合という意味での「習合」という言葉はこの「両部習合神道」において初めて使われたものです。他の神々を包摂する神道として、大元宮のまわりに全国の神々を鎮座させました。兼倶は斎場所を日本最強の霊場にしようとしたので、むろん天照大神も斎場所に祀りました。こればかりではなく、延徳元年（1489）に兼倶は三種の神器が伊勢神宮から京都へ飛び、斎場所へ降臨したとも主張しました。しかも、後土御門天皇から、本物の神器だという承認を得ていたこともあり、伊勢神宮との関係は良好ではなかったことはいうまでもありません。

＊8　末木編前掲書、293 頁

吉田神道行事壇
吉田神道の重儀である神道護摩が行われる祭壇。
〔國學院大學博物館蔵〕

　伊勢神道と同様に、吉田家は本地垂迹思想に反論しました。神道を宇宙の根本とする兼倶の思想では、仏教や儒教は劣ったものにすぎませんでした。たとえば、吉田家文献の『諸社根元記』では、この関係は「仏教では仏を本地とし、神を垂迹とする。神道では本地即垂迹、垂迹即本地である。天照大神を本地とし、伊勢神宮を垂迹とする。伊弉冊を本地とし、熊野権現を垂迹とする」*8 というふうに述べられています。

　本地垂迹説のロジックを借りながらも、ここでは神道がすでに仏菩薩抜きで論じられています。とはいえ、吉田神道に仏教の影響を見られないわけではありません。兼倶は密教の護摩儀礼の修法を借り、神道護摩の儀礼を創作しました。

　中世末期の乱世はこうした異才の人物の登場を可能にしました。吉田家の神道界における権威は近世を通じて続くこととなったのです。

｜事後学修｜

本章では、中世における神仏習合の文化、また、幕府と神道との関係について学びました。中世ははるか昔の時代ですが、その影響はさまざまな形で現在まで残っています。自分の街で神社巡りをして、神社で中世神道のどの要素を発見できるかを探検してみましょう。

第**6**章 近世

Ⅱ 歴史からみる神道

遠藤　潤

|事前学修|

下記に引用する文章は、神道学者の杉山林継が近世の神道について説明するにあたって、冒頭に記したものです。みなさんは高校までに「社会」や「日本史」などの授業で徳川幕府や江戸時代の神道・神社、そして同時代のさまざまな信仰について学んだことがあるかと思います。幕府が、キリスト教禁教政策を採り、寺檀制度によって誰もがどこかの寺院の檀家になることや葬儀を仏式で行うことを義務づけるなど、寺社や人々の信仰に対して強い制約を課したことは、よく知られています。ただし、幕府は単に統制だけを行ったわけではありませんでした。下記の文章を読み、神道・神社や民間信仰などの「新しい動き」にどのようなものがあったか思い出してみましょう。

　　近世の神道を考える上では、幕府の神社に対する姿勢と、その結果として生じたいくつかの新しい動きを把握する必要がある。徳川幕府は、寺社に対する統制を整えていったが、神祇制度や朝儀に対しては、基本的にそれを尊重する態度をとった。こうした基本姿勢のもと、応仁の乱（1467-77）以後途絶えていた朝儀、すなわち大嘗祭・新嘗祭や奉幣などの復興が逐次行われた。神祇制度のみならず、社家の支配体制もしだいに整えられ、吉田家と白川家を中心にして神職をその支配下におくという構造が生まれた。石清水放生会など由緒ある神社の祭儀が復興され、徳川家康を祀った東照宮のように、あらたに崇拝の対象となった神社も生じた。藩によっては、神祇崇拝を奨励した例もみられた。また一部の地域で実施された神葬祭は、幕末維新期の神葬祭運動の先駆的形態となるものであった。

（杉山林継「近世の神道」『神道事典』弘文堂）

日光東照宮陽明門

近世の序幕

◖ 戦国期・織豊期の吉田神道

　近世が始まろうとする戦国期から織田信長や豊臣秀吉の政権期（織豊政権期）、吉田家の発展が見られます。各地の大名が地域の有力神社を保護するようになると、吉田家は一部の諸大名との関係を深めました。また、新田開発で新しい村が生まれると、そこに勧請される神社について吉田家が関与することが多くなり、宗源宣旨*1 や神道裁許状*2 の発行もさかんになりました。

　また、統一政権との関係も深まります。豊臣秀吉による伴天連追放令では、日本は神仏が加護する「神国」であるという考えが前提とされましたが、この思想は吉田神道に基づくと考えられています。やがて、豊臣秀吉が亡くなると、吉田家の手配によって秀吉は豊国大明神という神として祀られました。その神社である豊国社は、江戸幕府の命でいったん廃絶されましたが、近代に再興されました。

＊1　第5章68頁参照

＊2　本章73頁参照

豊臣秀吉

　このように、中世末から近世初頭に政権、大名、地域の各レベルにおいて影響力を拡大したことを前提として、吉田家はやがて神社・神職に対して強い力を持つことになります。

◖ 統一政権と神社

　平安時代以降、有力な神社などは荘園領主となって社領の寄進を受けていましたが、やがて守護・地頭や戦国大名による社領押領などによって、一般に社領は衰退しました。豊臣秀吉は検地によって社領を没収し、改めて知行地として社領を与えて安堵（所領の支配に対する承認）しました。江戸幕府もこの方針をふまえつつ、神社に対して社領を新たに配分し安堵しました。幕府が安堵した社領を朱印領（朱印地）、藩が安堵した社領を黒印領（黒印地）といいます。

　神宮の式年遷宮は、外宮は永享6年（1434）、内宮は寛正3年（1462）に行われて以来、長らく中絶していました。外宮では、永禄6年（1563）に再興され、天正13年（1585）には、内宮についても復活し、豊臣秀吉の援助を得て、内宮・外宮の順で式年遷宮が行われました。

江戸時代前期の神道と神社

🔶 徳川家康と東照宮

＊3　天海（？-1643）により提唱された神道。中世以来の山王神道（天台神道）を基調としつつ、東照大権現の祭祀や東照宮の運営に教学的裏付けを与えた。

江戸幕府を開いた徳川家康は、亡くなった後に吉田家によって久能山（現在の静岡県）に埋葬されましたが、その後、日光への勧請の際に、天台宗の僧である天海の進言によって、山王一実神道^{＊3}にもとづき「東照大権現」として祀られます。その社は、当初は東照社と呼ばれました。三代将軍家光は、寛永13年（1636）にこの社の全面的な造替を行い、正保2年（1645）には朝廷が宮号を与えて「東照宮」となりました。幕府は、正保3年（1646）に伊勢神宮への奉幣使（**伊勢例幣使**）を再興するとともに、東照宮の本御祭に朝廷から奉幣使を発遣することとし（**日光例幣使**）、朝廷は翌年から伊勢例幣使と日光例幣使を毎年派遣しました。また、諸国の大名らも自国に東照宮を勧請して祀りました。

徳川家康

🔶 神社・神職に対する幕府の法令

江戸幕府は全国の神社・神職を統括するため、寛文5年（1665）年7月に**神社条目**（諸社禰宜神主等法度）を定めました。これは、同年に仏教各宗に対して寺院・僧侶を掌握するための寺院条目（諸宗寺院法度）が出されたのと軌を一にしています。神社条目の内容は、次の通りです。

神社条目の概要

①諸国の神職らは、神祇道や御祭神についてよく学び、伝来の神事・祭礼をよく務めなさい。それらを怠る者は、神職の資格を剥奪します。

＊4　神社と朝廷を仲介する役職で、公家が務めた。

②神職のなかで位階昇進を神社伝奏^{＊4}（朝廷と神社を仲介する役職の公家）を窓口として行ってきた者は、これからもそのとおりにしなさい。

③ただし、位階を持たない一般の無位の神職らは、白張を着けなさい。それ以外の装束を着ける場合は、かならず吉田家から免許状を受けてから着るようにしなさい。

④神領（社領地）は、一切売買してはなりません。質物に入れることもなりません。

⑤神社の建物が傷んだ時は、そのつど修理を行いなさい。けっして神社の掃除を怠ってはいけません。

以上の条目を厳守しなさい。もし違反するようなことがあれば、それ相応の罰をあたえます。

＊5　将軍より発行される、朱印が押された公文書。

この条目は、吉田家へ徳川家綱の朱印状^{＊5}をもって下され、全国の神社へは、その写しが触れ渡されました。この条目の内容は、①⑤は神職の責務が

父母はわが家の神わが神と心つくしていつけ人の子（本居宣長『玉鉾百首』）

記されており、②③は神職着用の装束（ひいてはそれに象徴される身分）について記されたものです。②は朝廷から従五位下とか正四位上といった位階を受ける神職は、その位階に応じた装束を着用しなさい、③のそれ以外の無位の神職は、吉田家の免許状に応じた装束を着用しなさい、免許状（神道裁許状）を受けない神職は、白張のみ着用し、みだりに狩衣や衣冠を着用してはいけません、という内容です[*6]。実際は白張のみで神事・祭礼を行うことは難しいため、吉田家から神道裁許状を受けることは、神事に奉仕できる正式な神職と認められることを意味しました。そのため、全国の多くの神職が、吉田家の免許状を受けに京都に上るようになりました。幕府は、それまで吉田家が神道裁許状の発行によって神職を掌握してきたことに注目し、神社条目によってこれを国家の制度とすることで、全国の神職に対する身分的な統括を進めました。ただ、③によれば、一般的には、吉田家を神社伝奏とすることが義務づけられますが、②があるため、すでに吉田家以外の公家による執奏（とりつぎ）が行われてきたことが何らかの形で確認できれば、今後もその公家に朝廷との執奏を依頼することが可能になります。従来から公家を介して朝廷との連絡を実行してきた二十二社や出雲大社などは、吉田家の神社執奏によらず、他の公家を介した神社執奏を主張し、幕府もこれを認めました。

＊6　白張・狩衣・衣冠については第12章参照。

◆ 霊元天皇と古儀復興

　17世紀の後半、**霊元天皇**は古儀復興に努めました。朝儀については、天和3年（1683）、335年ぶりに皇太子冊立[*7]の儀を再興し、貞享4年（1687）には自らの譲位によって東山天皇が即位するに際し、221年ぶりに大嘗祭を再興します。神事についても、延宝7年（1679）に**石清水八幡宮**の放生会が、元禄7年（1694）に**下鴨神社・上賀茂神社**の賀茂祭（葵祭）が、それぞれ復興されました。また、元禄10年（1697）からは幕府の命によって山陵の調査・修理も開始されています。

＊7　勅命によって皇太子・皇后などを正式に定めること。

◆ 儒学と神道

　江戸時代、儒学（儒教）は身分や境遇の違いに関わらず、さまざまな人々によって、自分たちのあり方を理解するための学問として活用されました。儒学の中でも特に朱子学[*8]は、幕府の官学とされるなど、日本社会に大きな影響を与えました。「神道」を理解する上でも、儒学を学ぶことが有効だと考える人が多く現れました。儒学思想にもとづく神道説を広く**儒家神道**と呼びます。儒家神道では一般に神儒一致論[*9]に立脚することが多く、他方、朱子学における排仏的傾向も反映して、仏教からの神道解釈は退けられました。

＊8　南宋の朱熹（1130-1200）により大成された儒学の学説。

＊9　神道と儒教は根源的に一致することを説いた理論。

解説　父や母はわが家のいちばん身近な守り神である。自分の神と思って大切にしなさい。
『玉鉾百首』は本居宣長の歌集。宣長の『古事記伝』等で述べられる古道論が歌に詠まれている。

林羅山

山崎闇斎

＊10　出家した僧が僧籍を離れ、俗人に戻ること。

＊11　伊勢神道の基本経典である「神道五部書」の一書。垂仁天皇皇女の倭姫命の一代記の形を取っており、伊勢神宮の内宮・外宮の鎮座の由来が詳細に記されるとともに、清浄や正直などの徳目を重視した神道論が説かれている。伊勢神道については第5章参照。

江戸時代前期に活躍した儒者に、**林羅山**（1583-1657）がいます。林羅山が提唱した**理当心地神道**は、初期の儒家神道の代表的なものです。理当心地神道は、朱子学の立場から神道と儒教は一致するとし、神道と王道（政治の道）は同一であると考えるものでした。羅山の神道関係書には、この考えを記した『神道伝授』のほか、諸国の神社について官撰の史書などによって紹介した『本朝神社考』などがあります。

神道家の側から朱子学にもとづく神道理解を示した人に**吉川惟足**（1616-94）がいます。町人だった吉川惟足は神道をはじめとする学問を学び、明暦2年（1656）、吉田家の後見人で、同家の道統断絶を懸念していた萩原兼従から吉田神道の継承者のみに許される重要な伝授を受け、のちに吉田家の当主に返し伝授を行いました。惟足は、朱子学にもとづく神道説を提唱しました。これを**吉川神道**と呼びます。将軍綱吉が幕府の正規の職として歌学方や天文方とともに神道方を創設すると、惟足はこれに任じられ、没後は彼の子孫がこの職を世襲しました。

外宮権禰宜の**出口（度会）延佳**（1615-90）は、両部神道の影響を受けて形成された伊勢神道の教説を神儒一致思想にもとづいて解釈し直しました。延佳の神道説を中心として、近世の伊勢で展開された神道説を一般に後期伊勢神道と総称します。延佳は、神道は天皇から庶民まで広く行うべき毎日の道だと考えました。延佳の著作である『陽復記』では、その教えを平易な文章で説いています。延佳は、慶安元年（1648）、外宮に**豊宮崎文庫**を創設しました。内宮では、貞享4年（1687）に文庫が設立され、やがて**林崎文庫**と称されました。これらの文庫は、同時代の神道研究の基礎となりました。

惟足や延佳とほぼ同時代にあって、伊勢神道や吉田神道をはじめ、それまでの神道説を神儒一致思想にもとづいて集大成したのが、**山崎闇斎**（1618-82）です。京都に生まれた闇斎は、青年時代に土佐などで仏道修行とともに朱子学を学びます。25歳のときに還俗＊10し、以後朱子学に専念しますが、神道にも関心を深め、北畠親房（1293-1354）の思想に影響を受け、さらに出口延佳から伊勢神道を、吉川惟足から吉田神道の伝授を受けました。闇斎は、朱子学の考え方に照らしながら、これらの神道説をひとつの体系的な神道説へとまとめます。これを**垂加神道**と呼びます。「垂加」とは『倭姫命世記』＊11に見える天照大神の神勅「神垂祈禱、冥加正直」からとったものです。闇斎は、朱子学における「敬（居敬）」と神道における「つつしみ」を重ねて理解し、「日の神の道」である神道を体得するための実践として、この「敬（つつし

神道ことのは　凡夫も神明の域に到るの 捷径、正直の二字にある也（出口延佳『神宮続秘伝問答』）

み）」を強調しました。闇斎自身は、自らの到達した垂加神道を、天皇をはじめ日本人に広くつたえることを願いますが、闇斎が亡くなった後にはその教説が秘伝化されることもありました。

◇ 諸藩の神社政策

　この時期には、いくつかの藩で特徴ある神社政策が実施されました。

　会津藩では、徳川家光の異母弟である**保科正之**（1611-72）が藩主でしたが、神道に関心を持ち、吉川惟足や山崎闇斎から神道説を学んでいました。正之は寛文4年（1664）に藩主として領内の社寺を調査・整理させました。特に整理の対象としたのは、神仏習合的性格の強い神社や「淫祠邪教」（いかがわしい神を祭る祠とその教え）の場となっているとされた社寺でした。

　岡山藩では、藩主である**池田光政**（1609-82）が、寛文6年（1666）に領内の社寺を調査・整理し、神社数は約20分の1、寺院数は約2分の1になりました。領内の寺請制度を廃止して神道請制度を設けましたが、光政の没後に寺請制度***12**は復活され、神道請制度は神職のみが対象となりました。

　徳川御三家のひとつである**水戸藩**では、寛文5年（1665）に当時藩主であった**徳川光圀**（1628-1700）が、藩の寺社奉行を設置して領内の社寺を調査させ、翌年から寺院を中心に整理するとともに、元禄9年（1696）には『鎮守帳』を作成して一村一鎮守制を徹底し神仏習合色を排する神社整理を実施しました。光圀はまた、史局を設けて、確かな史料にもとづく日本の史書の編纂を進めました。史局はやがて**彰考館**となり、史書は『大日本史』として光圀没後の正徳5年（1715）に完成されました。水戸藩で営まれた学問を水戸学と総称しますが、『大日本史』編纂を核として展開したこの時期の水戸学を特に前期水戸学と呼びます。

　この時期、また国学の曙光も見えます。国学の端緒を開いたとも評される**契沖**（1640-1701）は、17世紀後半に活動した尼崎の僧侶です。契沖は徳川光圀から万葉集注釈のため水戸藩への仕官を依頼されますが、これを断ります。しかし光圀の意を汲み、万葉研究の志なかばで倒れた友人下河辺長流の仕事を継承して『万葉代匠記』として完成させます。本書が画期的なのは、仏教の教義や陰陽五行説***13**などからの附会的解釈を離れ、仏典の注釈作業から学んだ文献実証的な万葉集解釈の方法を確立した点にありました。続く学者たちは、この方法を他の古典にも応用していきます。

徳川光圀

*12　徳川幕府によるキリスト教禁止政策に基づき、仏教寺院が庶民を檀家として宗旨人別帳に登録し、婚姻や転居の際には檀那寺による証明書である寺請証文を必要とさせた制度で、実質的に戸籍制度の性格を有した。

*13　宇宙・万象を陰陽の二気の消長と、木・火・土・金・水の五行（五元素）の変化の法則によって説明しようとする思想。本来、古代中国に発する陰陽説と五行説は別個の思想であったが、戦国末期に結びつき、陰陽五行説となったとされる。

解説　普通の人間でも神の域に到ることができる近道は、正直の二文字しかない。
　　　『神宮続秘伝問答』は、江戸時代前期の伊勢神宮外宮権禰宜で後期伊勢神道を大成した出口延佳の著。

◆ 都市祭礼の発展

　中世に都市の祭礼として発達してきたのは京都の祇園祭ですが、京都が応仁の乱によって大きな打撃を受けた後、なかなか回復しませんでした。織豊政権による政治の安定と京都の町の組織化が進んだことによって祇園祭の発展の基礎が与えられました。17世紀後半に京都の町衆が経済的成長を迎えると、祇園祭も大規模かつ豪華なものとなりました。

　近世の江戸の都市祭礼のうち大規模なものに、日枝神社の山王祭（日吉祭）と神田神社（神田明神）の神田祭があります。これらは天下祭と呼ばれ、幕府による援助と規制が行われました。天和元年（1681）から山王祭と神田祭は互いに隔年で行うことになりました。山車の行列や神輿の渡御を伴うものですが、17世紀末以降、祇園祭とは異なる江戸の祭礼様式が生じました。

　江戸時代は各地に成立した城下町でも都市をあげての大規模な祭礼が行われるようになります。それらには祇園祭の影響や、関東では山王祭・神田祭の影響も見られる一方で、それぞれの発生には都市独自の動機や要因も多く考えられます。

江戸時代中期の神道と神社

◆ 江戸時代中期の古儀復興

　江戸時代中期から後期にかけて、さらにいくつもの古儀復興が実現しました。大嘗祭は、中御門天皇のときには挙行されませんでしたが、元文3年（1738）、桜町天皇の時に再興され、翌年には新嘗祭も復興されました。延享元年（1744）には、上七社（神宮・石清水・賀茂・松尾・平野・稲荷・春日）への奉幣使の発遣が約300年ぶりに、宇佐宮と香椎宮（香椎廟）への奉幣使の

山王祭礼図屏風（左隻）
〔國學院大學博物館蔵〕

　古語通ぜんば、則ち古義明らかならず、古義明らかならずんば、則ち古学復さず。（荷田 春満『創倭学校啓』）

光格天皇

発遣が約400年ぶりに、それぞれ復興されました。

18世紀末以来、**光格天皇**（在位1779-1817）は、伝統的な儀式について、再興するのみならず、古い形式への復古に努力しました。天明7年（1787）に、貞観式・延喜式をふまえた大嘗祭を挙行しました。新嘗祭も古い形式で行うようになりました。また、文化10年（1813）に石清水八幡宮臨時祭が、翌年には賀茂社臨時祭がそれぞれ再興され、光格天皇の宿願がかないました。

◆ 山崎闇斎没後の垂加神道と吉田家・白川家

垂加神道では、闇斎の死に際して高位の公家である正親町公通がその道統を継承し、多くの後継者が出ました。その神道説は朝廷や周囲の公家をはじめ、京都を中心に全国の武家や社家層まで広まりました。また、神道に関する以後の考証的学問にも影響を与えました。

神道の家である白川家では、18世紀中頃に神祇伯白川雅冬が垂加神道を学び、学問のために垂加神道家を迎えるなどし、その神道説の知識にもとづき朝儀における白川家の地位向上をはかりました。また、在地の神職に対しても、吉田家に対抗して許状を発行し、神社伝奏の拡大をはかりました。これに対して吉田家も垂加神道の学問を取り入れるとともに、幕府に働きかけて、天明2年（1782）に神社条目の再触れ（再周知）を実現し、全国の神職に対する自らの優位な立場を守ろうとしました。この結果、吉田家・白川家に組織された神社・神職はさらに増加します。

◆ 国学と復古神道

神道に関する考証的学問やいっそう広い人々が参加するようになった有職故実の学などを背景としつつ、国学と総称される学問潮流が登場します。国学は、和歌・文芸や歴史・制度など、日本に関わるさまざまなことについて、仏教や儒学からの解釈によらず、外来思想に影響される以前の日本固有の伝統として研究しようとする学問です。テキストに忠実な態度で古典を読解しようとする点に重要な特徴があります。

国学において重要な学者を示す言葉に、「国学の三哲」や「国学の四大人」というものがあります。前者は契沖、賀茂真淵、本居宣長の三人を、後者は荷田春満、真淵、宣長、平田篤胤の四人を、

国学の四大人
上から荷田春満、賀茂真淵、本居宣長、平田篤胤〔國學院大學図書館蔵〕

解説　古代の言葉を理解しなければ、古代の意義が解らない。古代の意義を理解しなければ、日本の古代を知る学問は復活しないだろう。『創倭学校啓』は国学四大人の初祖である荷田春満の著。

それぞれ指します。「三哲」は古典解釈の面での重要性に注目した評価であり、「四大人」とされる学者たちは、古典にもとづいて神代や上代の日本のあり方を知るのみならず、そこで明らかになったありようを日本人のあるべき姿（古道）と考える点で共通しています。また、このような考え方にもとづいて展開された神道説を復古神道と呼ぶことがあります。

伏見稲荷社の社家に生まれた**荷田春満**（1699-1736）は、家伝の学問をもとにして、神祇道と歌学を中心に学びました。特に、『万葉集』や『日本書紀』神代巻についての学問が知られています。神代巻を、教戒の書として編纂されたと規定して尊重するとともに、吉田家が「三部の本書」のひとつとした『先代旧事本記』（旧事記）[*14]を偽書であると批判します。京都と江戸を往復しながら、門人たちをはじめさまざまな人に学問を講じ、江戸では将軍徳川吉宗の意向を受けて、古典や有職故実に関する諮問に答えました。春満は幕府に京都における和学の学校創設を働きかけようと「創倭学校啓」という請願書を著しました。学校創設は春満の生前には実現しませんでしたが、和学や国学の学校建設の志は、その後の国学者に継承されます。

賀茂真淵（1697-1769）は、京都の賀茂氏の末裔である浜松の神職家の分家に生まれました。杉浦国頭やその師である荷田春満から和歌や神道書などについて学びました。その後、江戸に下って田安宗武から和学御用に命じられ、和学をもって仕えました。真淵の学問の中心は万葉集にありました。同集の歌を高く評価するのみならず、それらの歌や祝詞などに日本人固有の心のあり方を見出して理想と考えました。真淵の主著に「五意考」と総称される五部の書物があります。『国意考』『文意考』『歌意考』『書意考』『語意考』がそれです。中でも『国意考』は、古道や日本の国としてのあり方について論じた書で、真淵の理想とした古道思想がまとまって説かれています。

本居宣長（1730-1801）は、伊勢国松坂の商家に生まれますが、古典や和歌に強く惹かれ、家業を離れて医者として生計を立てつつ学問の道を歩みます。『源氏物語』を研究する中で、この物語に仏教や儒学を読み込もうとする従来の解釈を退け、物語固有の論理として「もののあわれ」を見出します。こうした立論は、テキストについての文献実証的な方法によって可能となりました。宣長は34歳のとき、伊勢参宮の帰りに松坂に寄宿した賀茂真淵と生涯一度だけの面会（「松坂の一夜」）を果たします。そこでの真淵からの勧めを受けたことを直接の契機として、30年あまりの歳月をかけて古事記を研究し、その成果を注釈として『古事記伝』にまとめました。ここで、宣長は『古事記』

*14 神代のはじめから推古天皇の時代までについて記す史書。平安初期に編纂されたと考えられている。

賀茂真淵記念館

本居宣長記念館

神道ことのは　玉だすき掛けて祈らな世々の祖親の御祖の神の幸いを（平田篤胤『玉襷』）

が神代の事実を正しく伝えていると確信するにいたります。神道に関わる著書は、『直毘霊』『玉勝間』『うひやまぶみ』『大祓詞後釈』『玉鉾百首』をはじめ多数あります。

江戸時代後期から幕末期にかけての神道と神社

◆ 19世紀の国学と後期水戸学

　本居宣長は享和元年（1805）に亡くなりますが、彼の門人組織である鈴屋によって主著『古事記伝』の出版は続けられ、文政5年（1822）に全巻の刊行が完了しました。鈴屋を拠点として、宣長に学んだ人々の学問もさまざまに展開されます。荷田春満や賀茂真淵の業績も出版などを通じて再評価されました。

　このような中、古道の学者として活動した人に平田篤胤（1776-1843）がいます。篤胤は、秋田藩士の子に生まれましたが、20歳で脱藩し江戸に出て、当時の日本の対外危機を契機として学問に志し、そこで宣長『古事記伝』に触れます。生前の宣長とは面識がありませんでしたが、宣長の弟子を自任して、江戸で学者として活動を始めました。篤胤は、日本書紀・古事記や祝詞など複数の古典を比較しつつ、神代・古代の事実を明らかにしようとしました。それを一貫したテキストである「古史」にまとめ、主著『古史伝』では逐条的に解説を施しました。また、国内外のさまざまな典籍に記された神話や伝説・説話などに、「古史」を補強する材料を見出し、独特な古道説を生み出しました。

　宣長や篤胤の門人組織の規模は大きく、その中からは幕末維新期に活躍した人や宮中祭祀をはじめ明治政府の政策立案に関わる人も多く現れました。

　一方、18世紀末以降の水戸藩でも、同時代のいわゆる「内憂外患」（国内の憂うべき事態と、国外からの災難のこと）の状況に対して、政治的・実践的に役立つ学問が指向されました。これを後期水戸学と呼びます。彰考館の藤田幽谷（1774-1826）は『正名論』を著して、天皇を最上位とする君臣上下の関係を国家秩序の基礎とする論を示しました。その子である藤田東湖（1806-55）は『弘道館記述義』で、日本は皇統無窮であり、藩士はこれに由来する天皇と藩主の恩に奉ずるべきだと説きます。また、幽谷に学んだ会沢正志斎（1782-1863）

会沢正志斎
〔茨城県立歴史館寄託〕

解説　朝夕に代々の御先祖様、そして祖先の神様に、幸福を恵んでいただけるよう祈りましょう。
『玉襷』は、平田篤胤が家庭祭祀の心得について国学に基づき述べた書である。

は『新論』において、日本の固有性を「国体」という言葉でとらえ、祭政教（祭祀・政治・教化）一致を説き、対外的危機の面からキリスト教の危険性を指摘した上で、天皇祭祀を中心として、国民の心をまとめることが重要だと述べました。これらは、幕末期の尊皇攘夷論の思想的な根拠となりました。

◆ 幕末期の神社祈願

　幕末期には、対外関係が緊迫するなか、天皇・朝廷による神社への祈願もこの時期特有の重要な意味を持ちました。ペリー来日・日米和親条約締結ののち、朝廷は伊勢神宮をはじめ主要神社に攘夷と国家安全を祈らせました。文久3年（1863）には、孝明天皇が攘夷祈願のため自ら下鴨神社・上賀茂神社に行幸し、史上初めて神前に出御し拝礼しました。

社寺・霊山への参詣

　社寺・霊山への参詣は、中世後期から末期にかけて庶民にも広まりつつありました。江戸時代には、交通網の整備や庶民の経済力の上昇などを背景にして、庶民による参詣が活発に行われるようになりました。人々は参詣にあたって講を組織しました。参詣講は、参詣を目的とした相互扶助的な集団で、居住地での日常的な信仰儀礼の執行主体となるとともに、講のメンバー全員で資金を積み立てて、籤で選ばれた代表者がそれを旅費として参詣する代参の組織でもありました。

歌川広重「伊勢参宮・宮川の渡し」
〔神宮徴古館蔵〕

◆ 伊勢参宮

　全国で活発に行われたものに伊勢神宮への参詣があります。人々は伊勢講を結成して、あるいは個人で、神宮に参詣しました。一時に大勢の人々によ

る参詣（群参）が行われることもありました。これを**お蔭参り**といいます。全国的規模のものとしては、宝永2年（1705）、明和8年（1771）、文政13年（1830）の3回が知られています。なかでも明和のおかげまいりでは200万人が参宮したといわれています。また、家の当主や奉公先の主人の許可を受けず、役人への正規の手続きもふまないで参宮する抜け参りも行われました。このようにして、日本に暮らす人々と神宮の関係は、以前にも増して身近なものになっていったのです。

◆ 参詣と組織

　江戸時代には、神宮以外にも庶民はさまざまな社寺や霊山への参詣を行いました。18世紀には、京都・大坂に加えて江戸が文化の中心地の一つとなり、江戸をはじめ関東の庶民による寺社や霊山への参詣には大きな発展が見られ

冨嶽三十六景　諸人登山（葛飾北斎画）

ました。代表的なものに**富士講**があります。富士講の起源は寛永年間（1624-44）とされますが、最盛期は18世紀後半以降です。俗人である先達が地域の講をまとめ、富士山へと導き、麓では御師が参詣者を受け入れ、山内での一連の儀礼を主導しました。また、地域には富士山を模した富士塚が作られるなどしました。

　これら参詣講をはじめとする信仰のための講は、近代の宗教教団が形成される前提ともなっています。

｜事後学修｜

この章では、神社・神職や神道、神祇に関わる諸信仰のあり方などについて、江戸時代を大きく前期、中期、後期・幕末期に分けて説明しました。それぞれの時期の特徴にはどのようなものがあるでしょうか。また、下記の点について確認し、簡潔な文章にまとめてみましょう。
①幕府の神社政策は具体的にはどのようなものがあり、全体としていかなる特徴があったでしょうか。
②復興された祭祀・儀式にはどのようなものがあったでしょうか。
③代表的な神道学派にはどのようなものがあったでしょうか。
④庶民の信仰は、どのように展開していたでしょうか。

出雲大社の遷宮史 ｜ 西岡 和彦

出雲大社は、『古事記』『日本書紀』（記紀）において、国譲りを条件に、大国主神が天神御子（天照大御神の子孫）の宮殿と同等の神殿を高天原に要求したとか、大己貴神に対して天日隅宮の造営を高皇産霊尊が提案したとの伝承を持つ、きわめて特異な神社です。

出雲大社では、平成の大遷宮まで 29 回の遷宮が斎行されました。ここではそれらのうち特徴的なものを紹介します。

なお、遷宮には造替遷宮と修造遷宮とがあります。前者は正殿建替工事の間、仮の神殿で

出雲大社

ある仮殿へ祭神をお遷しし、工事終了後お還しすること、後者は費用・資材等が調達できない時、社殿の修繕にとどめ、その間仮殿にお遷しし、修繕後にお還しすることをいいます。

第 1 回遷宮「出雲大神の祟り」

出雲大社は天皇の宮殿と同じ規模で造営するのを原則とします。第 11 代天皇である垂仁天皇は、出雲大神が皇子に祟ったことを夢託で知り、皇子を出雲大社へ参拝させたところ、すぐさま回復したので、天皇はよろこんで造営を命じたといいます。

第 2 回遷宮「天神之制法」

記紀などの古典によると、出雲大社のそもその規模は、「底つ石根に宮柱太しり、高天の原に氷木高しり」や「柱は高く大し、板は広く厚く」といった「天神之制法」に基づいたものでした。これに対し、斉明天皇 5 年 (659) に、新たな規模

を定める「正殿式」が整えられたとします。

第 7 回遷宮「寄木造営と高層神殿」

出雲大社「顚倒」の初見は、長元 4 年（1031）です。当時、神殿は高層建築でした。造営は国費で行うため、まず出雲国司が朝廷に申請し、宣旨を経てから材木を伐採、作事を始めます。仮殿へ遷宮すると、旧正殿を解体します。それを「顚倒」と呼びました。新正殿が完成すると、仮殿から正殿へ遷宮します。

天仁 3 年（1110）、因幡国（鳥取県）から運ばれた大木 100 本が海上から稲佐浦に打ち寄せられました。寄木には、長さ 30 m から 18 m、直径 2.1 m から 1.2 m もの大木が 18 本、長さ 15 m 以上の中木が 9 本もありました。現代の建築物で言うと、およそ 10 階の高さに相当する、16 丈（約 48 m）神殿と称されたのは、こうした大木を使用することができたからでしょう。

平安時代の出雲大社神殿模型〔島根県立古代出雲歴史博物館蔵〕

第 10 回遷宮「寂蓮法師の驚歎」

正殿遷宮が斎行された建久元年（1190）、歌人で著名な寂蓮法師が出雲大社に参詣し、高層神殿を目の当たりにしました。その時に詠んだ歌が、「やはらくる　光や空にみちぬらん　雲にわけ入る　千木のかたそき」です。当時出雲大社は「天下無双の大廈、国中第一の霊神」と謳われていました。その評判を聞いて参詣した都人の寂蓮法師が、この世のこととは思えない、と驚歎したのです。

第 12 回遷宮「宝治度正殿遷宮」

　宝治 2 年（1248）、正殿遷宮を斎行。当時の史料に、正殿の高さは 8 丈（約 24 m）、柱は 9 本、「心御柱」の直径は約 1.09 m とあります。のち、この規模をもって「正殿式」と称しました。

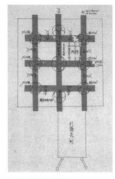

金輪御造営差図
〔千家尊祐蔵〕

　平成 12 年（2000）に出雲大社境内で、本居宣長が『玉勝間』で伝えた「金輪御造営差図」を髣髴する柱が発掘され、考古学ではこの時の柱と鑑定しました。しかし福山敏男は、第 11 回遷宮から高層神殿は造営されなくなり、それを象徴的に伝えたのが「虫くひの託宣」であると説明していました（「出雲大社の金輪造営図」）。これは、一国平均役を課してまで高層神殿を造営するのは、朕の素意ではない、とする出雲大神の託宣です。とすると、宝治度正殿は、すでに高層神殿でなかったかもしれません。

　重要文化財の「出雲大社并図」は、当時の境内ならびに神郷（社領）を表したものです。この絵図や当時の記録を考察する限り、正殿は高層神殿ではなく、かつすべての社殿の柱等が赤色であることが確認できます。しかも、宝治度の正殿が 23 年後に焼失して以降、江戸時代まで「正殿式」神殿は建てられなくなりました。

第 23 回遷宮「神仏習合」

　中世以降、神殿の規模は縮小の一途をたどり、「4 丈 5 尺」（約 13.6 m）にまで低くなります。それに加えて戦国大名の尼子経久は、出雲大社の寺院化を計りました。

　慶長 14 年（1609）の慶長度「仮殿式」遷宮は、豊臣秀頼の支援で神殿の高さが約 19.8 m にまで戻り、さらに柱を掘立から礎石建に変更したことで耐久力が増し、30 年周期の遷宮が、以降 60 年周期

出雲大社復元模型（慶長期）
〔島根県立古代出雲歴史博物館蔵〕

に伸びることになりました。ただし当時の境内の様子を伝える絵図には、神殿の柱は赤色で、境内に仏教施設（三重塔、大日堂、輪蔵、鐘楼など）が見られます。当時の出雲大社を参拝した松江藩儒の黒沢石斎は、神殿内も仏教施設のようであったと記録しています（『懐橘談』）。

第 24 回遷宮「復古」

　寛文 7 年（1667）、宝治度以来の「正殿式」遷宮が斎行されます。この遷宮は、幕府全面援助のもと、境内から仏教施設を悉く取り除き、古代以来の鰐淵寺との関係を絶つといった神仏分離も実施され、境内が大改造されました。また、築山を設けて、その上に 8 丈（約 24 m）の白木神殿を建立しました。

第 25 回遷宮「日本勧化」

　延享元年（1744）、「正殿式」造替遷宮を斎行。現在、国宝に指定されている出雲大社本殿は、この時に造営されたものです。これ以降の遷宮は、すべて修造遷宮です。当時、幕府は財政難で、造営費を援助できない代わりに、全国規模の募金と布教活動を行うことができる全国勧化（「日本勧化」と称した）を許可しました。ただ思うように集金できず、最終的に松江藩が補填しましたが、伊勢神宮以外では珍しく全国民の浄財をもって建てられた神社になり、今日に至ります。

第7章 近代

Ⅱ 歴史からみる神道

菅　浩二

｜事前学修｜

「近代」とは英語の modern の和訳ですが、modern には「現代」や「近ごろの」という意味もあります。つまり、こんにちの視点から、過去の歴史を遠近法のように振り返るとき、社会のしくみや人間のとらえ方が、かなり今に近づいた時代、という意味が含まれています。現在の日本史で近代とされるのは通常、明治期から大正を経て、昭和の第二次世界大戦敗戦までですので、この章ではその時代の神道について扱います。

　近代の神道について、「国家神道」による支配、という説明を聞いたことがある人もいるでしょう。国家神道とは State Shinto の訳語で、近代日本における、国家と神道の密接な関係を簡潔に表現した言葉です。日本敗戦後の占領当局が、この国家神道こそ、その直前に破滅したいまわしい軍国主義を導いた要因である、と指摘したことから、広く用いられる言葉となりました。

　その後、近代の神道について研究が進む中で、国家神道の語で簡潔に指し示された歴史の内容には、実際にはかなり多様な拡がりがあることが明らかとなります。国家神道は学校教育、宗教や思想の統制などすべてにおよび、神道的な天皇観の下に国家を神聖化する国教の役割を果たした、と見立てる研究も提示されました。他方では、近代の法制度の上で、政府は神社をどのように扱ったのか、を軸として、この語を用いる研究も示されました。

　どんな学術分野でも、同一の用語を用いながら、研究者によって注目する部分が異なることはあり得ますが、指し示す意味があまりに大きくずれているのであれば、議論が混乱してしまいます。国家神道の語は、表現の簡潔さに反し意味が複雑になり過ぎ、緻密さを欠く場合もあり、近代の神道と国家の関係を分析して説明するためには使いにくくなった、といえます。

　こうした現在の研究動向を受けて、この章の叙述でも「国家神道」の語は用いません。けれども、人間の集団としての近代の日本国家が、神道や宗教とどのように関係したか自体は、全体をつらぬく重要な主題として説明していきます。現代を生きるわれわれが立脚する、足元の秩序をしっかり見すえるためにも、近代の国家と神道を、またその関係を分節して理解することを心がけながら、本章を学んでください。

明治維新と神道

「五箇条御誓文」奉読
三条実美による、神前への五箇
条の御誓文の奉読の様子が描か
れている。
〔明治聖徳記念絵画館蔵〕

　19世紀後期、幕末から明治期の日本は、主に欧米諸国が、全世界を分割し強権支配する様子を目の当たりにしつつ、改めて国際社会に参加していくこととなります。当時は、西欧的な考え方・知識や生活様式、科学技術が、普遍を唱えて、世界中に広められていく過程にありました。

　慶応3年（1867）12月9日、「諸事神武創業ノ始ニ」もとづくと掲げた王政復古の大号令が発せられました。慶応4年（1868）3月13日には**祭政一致**の布告によって国家の原則が示され、翌日には、天皇が天神地祇に**五か条の御誓文**を誓う祭典が行われました。このことは単に武家政権の否定にとどまらず、国家のすべてを新たにすることを意味しました。こうして天皇の直下に置かれる新しい政府により、「復古」がすなわち「維新」という、いわば相反する二つの方向性を一つに束ねた国家体制が目指されます。その中で神道のかたちも、大きく変化することとなります。

◆ 神祇官の再興と神仏判然令

　古代以来の律令制度における神祇官が**応仁の乱**で焼失して以後、京都の公家である**吉田家**と**白川家**が、神社や神職を支配していました。しかし明治維新により、神社と朝廷を取り次ぐ**伝奏**が廃止され、吉田家・白川家は実権を失います。そして神祇行政に特化した機関として、**神祇官**が再興されます。

　明治新政府がまず取り組んだことの一つが、神社と仏教寺院との明確な区別でした。明治元年には一連の**神仏判然令**が出され、神仏分離がなされます。神仏判然令は、**廃仏毀釈**と同義ではありません。政府の意図した神仏判然は、神社の中の仏教的要素と、寺院の中の神道的要素をともに除去し、神社と寺院の区別を明確にすることにありました。神仏判然令に乗じて暴挙を働く者が現れることに対し、政府は「御政道の妨」となると警告しています。ただし、廃藩置県による中央集権化より以前のことであり、各地では儒教的排仏思想に基づき、地方官が領内の寺院を廃止した例も見られます。また国家や

表1　神仏判然の対象と具体的措置

対　象	内　容	対　応
神号・社名	大菩薩、権現、牛頭天王などの神号廃止	祭神名の変更　八幡大菩薩→八幡大神　牛頭天王→スサノオノミコトなど
祭祀者	別当・社僧の神社奉仕禁止	多くは還俗し、神職となる
神体・施設	仏像、寺堂、仏塔などの除去	関連寺院などへの移設、もしくは破却
祭祀	放生会などの祭祀の変更	神饌に魚鳥などを供える

藩の庇護を失った結果、廃絶した寺院もあります。

　ともあれ、日本史上に1000年以上続いた神仏習合は、公式な制度上では終止符を打ちました。長きにわたり日本各地の神社は、神と人の関わりのあり方を、世界宗教である仏教の象徴や概念を経由して示すことで、社会的な役割を果たしてきました。しかしここに神社は、古来の日本独自の精神文化を示す存在として、改めて解釈され、位置づけ直されたのです。

◘ 近代神社祭祀の位置づけ

　神社を、政府はどのように定義したでしょうか。政府は明治4年（1871）1月に社寺上知令を出し、それまで社寺の経済的基盤となっていた領地を、境内地を除いて没収します。その上で同年5月、神社は**国家の宗祀**、つまり国家の公的な施設であると位置づけました。世襲であったすべての神職はいったん罷免され、官吏（公務員）として神職の定員や階級が定められました。

表2　社格による近代の神社階層化

	社格	国家から幣帛の供進	神職の職位	任命者	神社数（昭和20年）	神職数（昭和13年）
官社	官幣社 大・中・小・別格の4種	あり（宮内省から）	宮司・権宮司・禰宜・主典	内務省、北海道長官・府県知事	226社	956人
	国幣社 大・中・小の3種	あり （例祭のみ大蔵省から）	宮司・禰宜・主典			
諸社	府・県社	なし	社司・社掌	北海道長官・府県知事	1,250社	1,592人
	郷社				3,663社	3,512人
	村社		社掌		44,959社	8,811人
	無格社				59,704社	975人

※村社・無格社は当初はなし、明治27年まで社司は祠官、社掌は祠掌と呼称。数値は『神道史大辞典』（吉川弘文館）をもとに調整。

　全国の神社は、社格で階層化されました。大きくは、**祈年祭・新嘗祭・例祭**の年3回の祭りに国家から幣帛が奉られる**官社**（官幣・国幣の大中小社）と、それ以外の**諸社**に分けられました。この施策によって神職の定員数が制限され、多くの神職が、奉仕していた神社を離れることとなったのです。

大教宣布運動の展開

　再興された神祇官には、神社や神職の管轄のほか、古代の神祇官にはなかった、諸陵（歴代天皇の墓）の管掌と国民教化のための宣教の職掌がありました。明治2年（1869）9月、神祇官に布教担当の役職である**宣教使**が設置さ

れ、歴史上初めて神道を全国民に布教することになります。

　その背景となったのは、他の信仰や習慣を偶像崇拝として拒否する、キリスト教の影響力への対応でした。新政府は、表面上は江戸幕府以来の禁教政策を維持し、幕末にキリスト教信仰を公表した長崎浦上の潜伏キリシタンを、諸藩に分散して預けました。ただし欧米列強に介入の口実を与えぬよう、弾圧ではなく説諭する方針を採り、その過程で宣教の必要性が意識されたのです。当時は学校の初等教育制度も未整備であり、国民という共通意識や義務感を作り出すための教化も求められていました。

　明治3年（1870）1月の**大教宣布の詔**により、国民全体に**惟神の道**（神代以来の神道）を説く宣教活動が本格的に開始され、長崎や東京などで布教が実施されます。各藩から宣教のための人員を招集しますが、布教の趣旨を徹底させることは困難で、活動は低調でした。

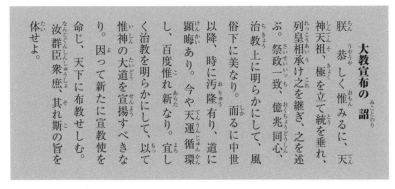

大教宣布の詔

朕恭しく惟みるに、天神天祖、極を立て統を垂れ、列皇相承け之を継ぎ、之を述ぶ。祭政一致、億兆同心、治教上に明らかにして、風俗下に美なり。而るに中世以降、時に汚隆有り、道に顕晦あり。今や天運循環し、百度惟れ新なり。宜しく治教を明らかにして、以て惟神の大道を宣揚すべきなり。因って新たに宣教使を命じ、天下に布教せしむ。汝群臣衆庶、其れ斯の旨を体せよ。

三条の教則
一、敬神愛国の旨を体すべきこと
一、天理人道を明らかにすべきこと
一、皇上を奉戴し、朝旨を遵守せしむること

　明治5年（1872）3月、この状況を打開し、人々に国民たる自覚を促すため神祇省（明治4年〈1871〉8月に神祇官から改称）は布教を主目的とした**教部省**に改組され、布教の原則として**三条の教則**が定められました。そして神社の神職のみならず、キリスト教拡大に危機感を抱く仏教僧侶たちも**教導職**とされ、大規模な国民教化運動が始まります。また、明治神祇官が管掌していた祭典の職務は、国家祭祀者としての天皇にかかわることとして、布教から分離され、この時期に宮内省式部寮に移されました。

　神仏合同布教は当初、両者を対等に取り扱うことを想定していましたが、教部省の方針は神道重視へ傾きました。そのため、教義としての神祇不拝（阿弥陀仏以外の神仏を拝まない）を、新たに西洋諸国にならう政教分離論で補強しつつ掲げる浄土真宗系教団など、仏教宗派から反発が起こりました。明治8年（1875）には、中央の宣教機関であった大教院が解散し、神仏合同布教はわずか3年で中止されました。

解説　目には見えない神様に向きあう時も、恥ずることのないもの、それはすなわち、ひとの心にある誠実さである。

神官教導職分離

　神職や神道家たちは、**神道事務局**を設立して布教活動を継続しました。しかし、この神道事務局の神殿に祀られる神についての議論を発端として、神道界を二分する**祭神論争**が勃発しました。論争はなかなか決着せず、ついに解決のために明治14年（1881）2月、**神道大会議**が開催され、天皇の裁定を仰ぐ事態にまで発展したのです。

　国家の宗祀に奉仕するはずの神職が、神学論争に明け暮れた事態を深刻に見た政府は、明治15年（1882）1月、神官と教導職を分離し、官社の神官が、教導職を兼ね布教を担うことと、葬儀に関与することを禁止しました（**神官教導職分離**）。この措置の背景の一つが、「神社は宗教に非ず」とする神社非宗教論です。神社非宗教論は、教部省下の神仏合同布教を批判する際に浄土真宗が唱えた、神道は天皇の政道たる「治教」であって宗教ではない、との理論を原型とします。

　ただしこの神官教導職分離では、府県社以下の神社神職の活動については、各地の混乱を避けるため当分の間従来どおりとされ、一貫しない部分が残りました。教導職制度は明治17年（1884）には廃止されますが、神職の教化活動は矛盾の中で制限されたまま、昭和20年（1945）にいたります。

神社非宗教論と教派神道の形成

　近世から神職たちは国学などを学んで、古代の日本には純正な神道があったと見なし、その復活を主張し行動してきました。その主張の中には、神仏分離など、明治新政府の政策として実行されたものもあります。しかし、神官と教導職を分離する政府の決定は、神社の公的性格を認めたものの、神の教えを人々に説く宗教的活動を制限するものでした。神職は国典・礼儀を習

COLUMN　國學院大學と皇學館大学の由来

　現在、神道を専門に学ぶ学部・学科が存在する大学は、東京の國學院大學と三重県伊勢市の皇學館大学の2つです。この両校はともに1882年（明治15）に設立されました。まさに、神官教導職分離の年に、日本の古典を考究して神職の子弟を中心に教えるために作られたのが、國學院大學の母体の皇典講究所であり、伊勢神宮神官の子弟教育のために作られたのが皇學館大学の前身、神宮皇學館だったのです。戦前は共に神職養成を国家から委嘱されていました。皇學館大学は「神道指令」の影響で一時廃校になった時期もありましたが、関係者の尽力もあって復興しました。このような歴史から、現在でも神社本庁から高等神職の養成を両校が委嘱され、所定の課程を習得すれば神職の階位（資格）を取得することができます。

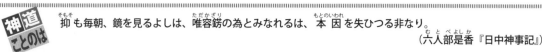

神道ことのは　抑も毎朝、鏡を見るよしは、唯容錺の為とみなれるは、本因を失ひつる非なり。

（六人部是香『日中神事記』）

神道大教
神道事務局は明治15年（1882）の神官教導職分離と明治17年（1884）の教導職制度の廃止を受けて、教派神道の一派である「神道」となり、昭和15年（1940）宗教団体法施行にともない神道大教と改称した。

得し、公の神社祭祀に奉仕するものと位置づけ直されたのでした。

大教宣布運動の時期、神社の神職とそれ以外の神道家は、協力して布教の任に当たりました。しかし官社神職の布教活動が禁止されると、神道家たちは独自に教団を結成し、布教を続けました。神社神道との関係に遠近はありますが、これらは後に**教派神道**と呼ばれ、明治時代の間に14教団が公認されました。そのうち伊勢神宮の崇敬拡大を担う神宮教は、教派の列を離れ、明治32年（1899）に財団法人**神宮奉斎会**となったので、他の13教団を**神道十三派**といいます（第8章参照）。各教団は活発に活動し、「神道」は主に神社から区分された、これら教派の布教活動を指す言葉になっていきました。

◆ 政教分離論の導入と信教の自由

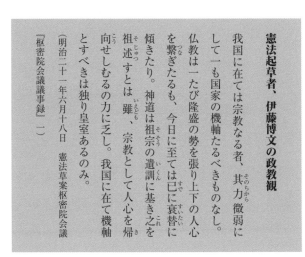

伊藤博文
長州藩出身。吉田松陰の松下村塾に学び、幕末には勤皇の志士として活躍。明治維新後は日本の近代化に尽力。明治18年（1883）に初代内閣総理大臣に就任する。〔国立国会図書館蔵〕

16世紀の宗教改革から数百年間にわたり、キリスト教内の宗派により政治が分断され、多くの戦争や革命を経験した欧米諸国では、近代の政教（政治と宗教）の関係として、国民に信教の自由を認めることを共通認識としていました。ただし信教自由の国家制度には、国教制度（国家が特定教会組織との関係を保持）との両立の形式（例：イギリス）や、国教を持たない形式（例：アメリカ、フランス）などがありました。

かたや明治維新後の日本は、文化的な独自性の発展と、欧米にならった政治経済や法制度の導入を両立しつつ、幕末に諸国と結んだ不平等条約改正の交渉を進めて、独立を確かにすることを目指していました。西洋の政教分離論も既に幕末より紹介されていましたが、日本が憲法を策定する際に選んだ方策は、国教を立てない形でした。また信教の自由を明言し文明国たる姿勢を示すことは、不平等条約を改正するための交渉の上でも重要でした。

明治22年（1889）に公布された大日本帝国憲法第28条は、国民に信教の自由を認めました。すでに黙認されていたキリスト教の活動が公式に認められ、仏教各宗派や教派神道を含めて、国家に公認された教団が並立することとなりました。他方では、国家の宗祀と位置づけられた神社を、宗教とは別に、信教の

憲法起草者、伊藤博文の政教観

我国に在ては宗教なる者、其力微弱にして一も国家の機軸たるべきものなし。仏教は一たび隆盛の勢を張り上下の人心を繋ぎたるも、今日に至ては已に衰替に傾きたり。神道は祖宗の遺訓に基き之を祖述すとは雖も、宗教として人心を帰向せしむるの力に乏し。我国に在て機軸とすべきは独り皇室あるのみ。

（明治二十一年六月十八日　憲法草案枢密院会議

『枢密院会議議事録』一）

自由の中でどのように扱うか、が問題となります。

神社の実態と神社合祀

　明治10年代の諸政策により、府県社以下の神社・神職への公的な援助はほぼなくなります。官国幣社についても、国からの経費支出は一定年数後に停止され、これを基本財産とし以後は各自運営せよ、との**保存金制度**が導入されました。神社の維持は氏子・崇敬者の奉賛に委ねられ、極論すれば、伊勢の神宮のみが国家の宗祀という形になります。もっとも、その伊勢神宮崇敬のしるしである神札（神宮大麻）の授与も、「人民の自由」に委ねることが、明治11年（1878）に確認されています。

　危機を感じた神職たちにより、国家の宗祀の実質化を求める運動が、明治20年代からはじまりました。神祇官のような特別な官庁の設置を理念としたことから、これを**神祇官興復運動**といいます。明治22年（1889）11月に東京の**皇典講究所**で、各府県の神職代表が会合し神官同志会を結成します。彼らは開設まもない帝国議会にも働きかけ、神社・神職の待遇改善を要求しました。明治27年（1894）2月、府県社以下の神職は、地方長官から任命される

皇典講究所

待遇官吏（判任官）へと改善されました。結局、神祇官の再設置はありませんでしたが、明治33年（1900）4月に、内務省社寺局が**神社局**と宗教局という形で分離再編成され、神社と、仏教ほかの宗教間には、中央の行政管轄上で明確な区分がなされました。

　この過程で民間の神職組織として、明治31年（1898）に**全国神職会**が成立しました。また、日露戦争後の明治39年（1906）には、官国幣社の保存金制度が廃止され、経費の国庫供進が定められま

表3　神社経費をめぐる明治前期の制度変化

年月日	名　称	対　象	事　項	事後の対応
明治6年2月22日		郷社以下神職	地方費からの神職給与の支出停止	昭和20年まで
明治6年7月31日		府県社以下神職	祠官の給与の公費支出停止	昭和20年まで
明治12年11月11日	府県社以下祠官、身分の官等を廃止	府県社以下神職	祠官の公的待遇の廃止、寺院僧侶と同等に扱う	明治27年判任官待遇に復帰
明治20年3月17日	官国幣社神官の待遇	官国幣社神官	官吏としての実質的待遇・神官の呼称を廃止、以降「神職」とする。	昭和20年まで
明治20年3月18日	官国幣社保存金制度	官国幣社	一定期間「保存金」を支給、以降、神社経費の国庫支出を停止する	明治39年廃止

幾そたびかき濁してもすみかえる水や皇国の姿なるらむ（八田知紀『しのぶ草』）

した。さらに府県社以下にも、府・県などからの神饌幣帛料の供進が可能となりました。このほかにも関係諸法令が整備され、神社は地方行政上も、公の祭祀を行う場として位置づけられました。当時はちょうど、新興国だった日本が、東アジアの強国へと政治経済力を高めていく時代であり、日本と欧米諸国との不平等条約も、ついに韓国併合の翌明治44年（1911）に完全撤廃されました。

　明治末期には、地方行政と神社を共に管轄する内務省官僚に、神社を地域の精神的中心として機能させ、文明国にふさわしく地方の近代化を進める、との考え方があらわれます。この機能を合理化するため、幣帛料供進に該当する神社に、より小さな神社を合祀（合併して祀ること）し、整理することも発想されました。しかし整理対象となる神社も、多くが地域の信仰生活に密着しており、合併の賛否をめぐる大きな議論が起きました。中央政府は明確な合祀命令を発してはおらず、各地方官により実施の程度が異なるものの、明治39年（1906）から数年間の大規模な**神社合祀**の結果、全国の神社数は20万社から12万社に減少しました。

　一方では明治中期からは鉄道網の発展で、社寺参詣を核にした観光も盛んになります。また大正期にかけて、学校入学、卒業、軍隊入営や出征など、地域の共同行事に際して、神社参拝が広く実施されるようにもなります。

◆ 祭教分離と「神社問題」

　政府は、宗教各派の個別性から距離を置くところに、国家行政の公共性を位置づけようとしました。そもそも「宗教」とは翻訳のための新しい単語で、その意味のとらえ方自体が、明治時代を通じて日本社会に定着したものです。そして、公共性と宗教のこうした形式的関係に対する理解は、明治国家の枠を超え、現代日本にみられがちな宗教観にも、部分的に影響を残しています。すなわち、宗教が有する公共的貢献への志向ではなく、信仰の私的な次元や各教団個別の特異性にのみ目を向け、たとえ人々が共に助け合うためでも、公的領域と宗教活動との接触を警戒する、という認識や態度です。

　さて、現代の私たちが用いる「神道」という語の意味内容には、広く神社祭祀が含まれています。いっぽう近代では「神道」は、上で述べたように布教・教化を行う教派神道をおもに指していましたが、もちろん神社の祭祀を含む、こんにちと同じような広義の用法もありました。

　明治の国家建設は「祭政一致」を原則にはじまり、大教宣布運動が挫折したのちの大日本帝国憲法では、国教を持たない形の「政教分離」の原則が示

全国神職会会報
全国神職会の機関誌。明治32年（1899）に発刊。大正10年（1921）に『皇国』、昭和5年（1930）に『皇国時報』と改称。

解説　何度かき混ぜて濁らせても澄んだ水に戻るように、日本もやがてはあるべき姿になるであろう。
『しのぶ草』は、宮中の歌道御用掛を務めた八田知紀の歌集。

されました。祭政一致と政教分離の二つの原則が、こんにちと同じ広義の神道の範囲内で両立するためには、必然的に祭祀と宗教の分離（祭教分離）が求められます。ここまでみてきた明治期の政府の神祇政策も、結果的にこの祭教分離を、制度的に確定させる形で進んでいます。

　神社が人々の崇敬を受け、また地方行政にも位置付けられるに従い、大正期にはこの祭教分離の延長で、「神社対宗教」論争とも呼ばれる、いわゆる**神社問題**が起きます。神社を公的に扱うのであれば、その非宗教化を徹底し記念碑的施設とするべきだ、との主張が、仏教やキリスト教などの側からさかんに展開されたのです。これに対抗して神社側からは、神社での精神的教化の必要を強調する声も上がります。

表4　明治時代の祭教分離政策

明治元年（1868）	神仏分離
明治5年（1872）	宮内省式部寮・教部省分離
明治15年（1882）	神官教導職分離
明治33年（1900）	内務省神社局・宗教局分離

　政府は大正15年（1925）5月に宗教制度調査会を、また昭和4年（1929）12月に**神社制度調査会**を設けます。ですが、これらの場での審議の主題は、宗教と神社それぞれの範囲に対する、行政と法体系整備に関することに留まりました。祭政一致と政教分離のもとで神社の宗教的性格をどう扱うかは、結局は第二次世界大戦敗戦まで、明確に決着しないままとなります。

近代に創建された神社

　近代の大きな特徴は、歴史上実在した人を神に祀る神社の創建が多いことです。古代や中世には、**菅原道真**のように、霊威があらわれることを契機に、人が神に祀られることがありました。近世に入ると、**豊臣秀吉**や**徳川家康**が神に祀られるように、人物の業績をたたえる意味合いも加わります。

　明治元年に、白峰神宮が京都に創建されます。祭神である崇徳上皇は中世から霊威の強いことで知られており、**御霊信仰**の延長線上にあるともいえるでしょう。一方、近世以来『太平記』が広く読まれ、各地で「楠公祭」が行われており、忠臣としての楠木正成に対する崇敬も高まりました。明治5年（1872）には正成を祭神とする兵庫県の**湊川神社**が、初めて**別格官幣社**の社格

お前が大きくなつて、父に会ひたい時は九段へいらつしやい。そして心に深く念ずれば、必ずお父様のお顔がお前の心の中に浮びますよ。（海軍大尉　植村眞久）

大楠公像（横山大観画）
楠木正成は「大楠公」と称されるが、息子の正行も「小楠公」と呼ばれ、四条畷神社（大阪府四条畷市）の祭神となっている。
〔湊川神社提供〕

を与えられます。その流れを受けて、南朝の皇族や忠臣を祭神とする神社の創建が相次ぎ、別格官幣社に列格していきます。

また、大正9年（1920）には、近代国家形成を導いた明治天皇を祭神とする**明治神宮**が、全国に展開された積極的な創建奉賛活動により、人間がつくった壮大な鎮守の杜を伴う官幣大社として、東京に鎮座しました。

◆ 戦没者を祀る神社

平和を維持してきた近世とは一転し、近代日本は戊辰戦争という大きな内戦を経て、新政府による再統合で幕を開けました。内戦は西南戦争を最後としますが、その後は厳しい国際環境の中で、数々の対外戦争が続きました。

すでに幕末から、志士の霊を祀る招魂祭（しょうこんさい）が行われていましたが、戊辰戦争の殉難者を祀るため、明治2年（1869）6月に東京招魂社が創建されました。東京招魂社は、明治12年（1879）に**靖國神社**と改称して別格官幣社に列格し、他と異なる陸海軍省の管轄でありながら、神社の扱いをうけることとなりました。祭神に、嘉永6年米国艦隊来航以来の国事殉難者を併せ、また戦役での戦没者・公務殉難者の霊を、その都度合祀してきた靖國神社は、官幣大社以外では唯一の**勅祭社**（天皇の勅使が例祭に差遣される神社）でした。

各地でも、旧藩や地域の人々の発意により、招魂場が設けられていました。政府は明治7年（1874）、戊辰戦争の官軍戦没者の霊を祀る招魂場の祭祀と修繕に官費で行い、翌年からは**招魂社**として、経費を定額支給することとしました。各地の招魂社では以後、地域出身の戦没者をもしのんで、同じ社殿に合わせ祀ることが行われます。日清戦争後の明治34年（1901）には、招魂社の官費支給対象を官祭祭神、後に加わった各地域の（靖國神社にも祀られている）祭神を私祭祭神と定めます。靖國神社と各地の招魂社は、このように祭神に重複がありますが、本社と分社として設立されてはいません。

靖国神社における「招魂の儀」
（北蓮蔵画/『靖国の絵巻』より。陸軍省・海軍省編　昭和14年〈1939〉）
〔國學院大學研究開発推進センター蔵〕

神社の扱いではなく、ほとんどが兼務の受持神職により運営されるなど、招魂社制度の不備はたびたび指摘されましたが、改正は大きく遅れます。神社制度調査会の議を受け、昭和14年（1939）に招魂社すべてを護国神社と改称し、主要な護国神社を府県社と同等の社格と扱うこととなりました。

近代には、国家や皇室に対する功績の大きな、皇族や功臣、戦没者が、神社に奉斎され、仰がれるようになった、と見ることができます。中世までの形と異なり、死者の霊に報恩感謝の念を表明する性格が強まっていることも特徴でしょう。言い換えれば、

解説　「九段」とは靖国神社の場所。生後三ヶ月の愛娘への遺書の一節。植村眞久大尉はキリスト教徒。学徒出陣し、昭和19年10月26日、神風特別攻撃隊大和隊第一隊隊長としてフィリピン・レイテ島沖にて戦没。

朝鮮神宮
大正14年（1925）京城（現在の大韓民国ソウル市）に鎮座。
昭和20年（1945）終戦により廃祀。

人物の生前の功績を神威と解している面もあります。ですが祭祀の場としての神社では、記念碑のように偉人の業績の顕彰には留まらず、神霊への崇敬の念が伴っていることは無視できません。

◧ 海外の神社

　日本列島の外側に創建された神社を、海外神社と呼称します。「外地」と呼ばれた、東アジア・太平洋の日本の統治地域や占領地、勢力圏では、大は国家的祭祀の場から、小は村落祭祀規模の小祠まで、昭和20年（1945）の第二次世界大戦敗戦当時で総数2000以上の神社が祀られました。これらは大まかに（1）居留民が自発的崇敬により創建した神社、（2）政府創建の各地総鎮守、に分類されます。（2）は外地での祭政一致の象徴となる、日本の統治行政の守護神を祀るものです。概して各地で少数の（2）を中心として、多数の（1）が階層的に位置づけられ、秩序化されていく歴史をたどりましたが、敗戦後の日本人引揚とともに、（1）（2）ほぼ全てが廃絶しました。

　このほか、日本人移民の精神的よりどころとして、また教派神道の布教の結果として、主な移民先であるハワイや北米・南米に創建された神社もありました。これらは国外の例ですが、（1）に相当します。今日も少数ながらハワイなどに、こうした歴史を引き継いで活動を展開している神社があります。

◧ 国体思想と戦時期の神社

　「**国体**（こくたい）」とは国のかたちという意味で、歴代の天皇のもとで、日本人の一体性は独特な尊厳を持つ、と説く言葉です。特に明治23年（1890）に、天皇のお言葉の形で学校教育の基本方針を示した**教育勅語**（きょういくちょくご）が、「国体ノ精華」を教育の淵源としたことから、明治中期以降は国民だれもが知る言葉でした。

　国体は、その基盤や起源を神話にのみ求める場合、神道に由来する考え方となります。ですが近代では一般に、歴史を踏まえた政治思想や学術の議論の対象とされ、また神道以外の、仏教やキリスト教ほかの立場からも唱えられた言葉でした。大正10年（1921）に、内務省神社局が刊行した『国体論史』には、国体の語が、皇室を仰ぐ歴史に即した国家の統合を表す言葉として、幅広く多様な理解や解釈を許すものだったことが紹介されています。

　昭和7年（1932）の満洲事変以降、日本をめぐる国際関係は次第に緊張し、それにつれて国民の一体感が強調されていきます。その中で政府は、憲法学

説にかかわる政争を収拾するため、昭和10年（1935）に二度の「**国体明徴**（めいちょう）」声明を発し、天孫降臨の際の天照大御神の神勅に基づき、天皇を統治の主体とする、これ以外に国体についての解釈は認めない、と確認します。神社にも、外地の現地民族の人々をも含めた、各地域統治上の精神的中心としての役割が、以前にまして期待されるようになります。

　さらに、昭和12年（1937）から中国大陸で戦線が拡大し、国家総動員体制がとられると、神社参拝は、総力戦の中での学校や各種団体の動員行事のようになっていきます。そして昭和16年（1941）、日本は枢軸国の一員として連合国との第二次世界大戦に参戦しますが、神社は、地域の戦勝祈願や、兵士の入営・出征の際の武運長久祈願の場としても機能し続けます。

　この間の昭和15年（1940）、神武天皇による建国から2600年にあたるとして、政府により**紀元二千六百年祝典**が盛大に行われました。この記念にのぞみ、内務省神社局を改編し、内務大臣を総裁とする外局に格上げした**神祇院**が設置され、その職掌に「敬神思想の普及」が加わります。神祇行政の整備と共に、神官・教導職分離以来の、国民教化に関する懸案の整理解決も期待された神祇院ですが、戦時下に、有効な政策をほぼ実現できないままでした。そして昭和20年（1945）、日本は敗戦を迎えます。

紀元二千六百年記念切手
図柄は橿原神宮。

｜事後学修｜

こんにち私たちが使う日本語には、欧米文明に発する近代の考え方を、歴史の異なる日本が近代化するためにどう受け入れるべきかを先人たちが考え、既存の語を応用して、またある時は新たに造語して、意味を定着させた言葉が数多くあります。

本章の叙述には、宣教、布教、教化、教導、教派…など、「教」という漢字を含む、たくさんの単語が登場しました。中には、あまりなじみのない言葉もあったかもしれませんが、これら以外の言葉もあわせて、皆さんが思いつく「教」の文字を含む単語を書き出してみましょう。

すると、それらの語がおおよそ、学校教育、または宗教、のいずれかに関係していること、しかし一方で、神社や祭祀にかかわる言葉では、「教」の文字は皆無ではないが少ないこと、に気づくでしょう。正にこれらは、本章で学んだ近代神道史の流れが導いた結果であり、歴史事実の反映です。

「教」の文字で何が意味されているのか、「教」以外の文字で似たような意味が置きかえられていないか、に注意しながら、本章をもう一度読み返してください。そして、近代日本にとって神社や神道とは何だったのか、そのことに、いま私たちはどんな影響をうけているか、考えてみましょう。

第8章 神道と現代文化

Ⅲ 現代社会からみる神道

藤本 頼生

|事前学修|

以下の文章を読んで、現在、各種の伝統芸能や美術作品、武道などスポーツなどが神道や神社とどのような形でかかわっているのか、考えてみましょう。

　靖国神社には、境内に木造としては都内最古の能舞台があり、毎年4月上旬に奉納される夜桜能は、多くの観覧の人々で賑わうことで知られています。しかし、明治維新以後の戦没者を神として祀る靖国神社と一見関係がなさそうな能とにどのような関係があるのでしょうか。

　室町時代に観阿弥・世阿弥によって大成された能は、武士に愛好され、江戸時代末期まで幕府や各藩の藩主らにより保護されていました。しかし、明治時代に入り廃藩置県などで各藩からの庇護が無くなったことから、能は存続の危機に立たされました。多くの能役者が廃業する状況を憂いた政府首脳の岩倉具視は、能・狂言の保護のための後援団体の設立に尽力し、明治14年（1881）に華族らに能楽の維持発展および能楽師の保護などを呼びかけ、資金を集めて今の東京タワー近くの芝公園に能舞台を建設しました。その後、経営難のためにこの能舞台の維持管理に困窮した際、土方久元伯爵の尽力によって明治36年（1903）に靖国神社に移築奉納されたのが現在同社にある能舞台です。地震や戦災を逃れた能舞台は、戦後も能文化の復興に寄与するとともに現在でも能の奉納を始め、新年、春秋の例大祭、みたままつりなどにも、さまざまな芸能、演武が奉納されているのです。

　また、令和3年（2021）に東京オリンピックの開会式が行われた新国立競技場はかつて、大正13年(1924)に設けられた明治神宮競技場と呼ばれる陸上競技場でした。同競技場では、同年10月30日に内務省主催にて第1回明治神宮競技大会が開催され、のちに厚生省主催となり、昭和18年（1943）まで14回にわたり開催されました。同大会の開催は、大正末～昭和初期の国民のスポーツ熱が高まる契機ともなり、戦後、昭和21年（1946）から都道府県持ち回りで開始されることとなった国民体育大会（国体）にも影響を与えました。

　戦後、明治神宮競技場は占領軍の接収を受け、昭和27年（1952）に返還された後、昭和31年(1956)に国に譲渡されて国立霞ヶ丘競技場(旧国立競技場)が建設され、昭和39年（1964）に東京オリンピックの開会式が行われました。明治神宮外苑には、他にも明治神宮野球場（現在、プロ野球ヤクルトスワローズの本拠地でもあり、東京六大学野球や東都大学野球の聖地）があり、都心におけるスポーツの拠点の一つです。

変容する現代社会と神道の関わり

　神道というものを理解するにあたって、これまで『古事記』や『日本書紀』をはじめとする神道にかかわる文献や日本神話、祭祀に関連する考古遺物、古代から近代までの歴史を中心に神道にかかわる事象を学んできました。本章では現代社会と神道・神社との関わりについて学んでみたいと思います。

　本章では、神道研究を行う上で、第二次世界大戦後から現代に至るまでの神社の制度の変革と行政面での変化、そして戦後の変革のなかでの教派や宗派の神道教団の様相についても紹介するとともに、武道や芸術、サブカルチャーなど文化的側面や社会的事象と神道との接点についても取り上げています。くわえて現代社会において神道が直面する課題として、環境問題や情報化社会、国際交流についても考えてみたいと思います。

◆ 戦後の神社制度の変革

　第7章までで勉強してきた通り、神社は古代から近代に至るまで国家との一定のかかわりのもとに取り扱われてきました。特に明治維新以降は、神社は「国家の宗祀」と称され、国の営造物法人という行政上の取扱いがなされており、内務省の外局であった官庁の**神祇院**が神社を管轄し、神職とともに国家の管理のもとで祭祀を主とする活動が行われていました。しかし、日本が第二次世界大戦に敗戦し、昭和20年（1945）9月から連合国軍最高司令官総司令部（GHQ/SCAP）による占領政策が開始されると、同年12月15日に**神道指令** [1] が出されました。この指令は、これまで全国の神社と国・地方公共団体との間に築かれてきた関係性を完全に分離することを目的としたもので、指令に基づいて政府は昭和21年（1946）1月31日に神祇院を廃止するとともに、同2月2日までにこれまで制定していた神社に関する国家管理の法律や政令などをすべて廃止したのです。

　政府は、この制度の変革に伴って前年の12月28日の宗教団体法の廃止を受ける形で、神社以外の寺院や教会を保護するために急遽勅令として制定した宗教法人令を2月2日に改正し、「神社」の文言を条文内に付加することで、神社を廃絶することなく、他の宗教と同様、民間の宗教法人として存続することとしました。その後、宗教法人令は、昭和26年（1951）4月3日に施行された**宗教法人法**へと改正され、終戦当時に約11万社あった神社のうち、約8万余の神社が宗教法人として設立する道を選択したのです。

　一方、神祇院の廃止を受けて、全国の神社を包括する団体の設立がわずか

*1　正式名称は「国家神道、神社神道ニ対スル政府ノ保障、支援、保全、監督並ニ弘布ノ廃止ニ関スル件」

神社本庁

神社本庁は、伊勢の神宮を本宗と仰ぎ、全国約8万社の神社を包括する団体として、昭和21年（1946）に設立された。現在地は東京都渋谷区代々木。

数か月の間に協議され、昭和21年（1946）2月3日に國學院大學を経営していた皇典講究所をはじめ、大日本神祇会、神宮奉斎会の各財団法人が解散合併する形で**神社本庁**が設立されました。設立直後の神社本庁の活動の中心となったのは、明治維新後に上知令によって国や地方公共団体によって取り上げられていた神社や寺院の境内地を無償で払い下げてもらう運動（社寺の国有境内地の無償払い下げ処分）であり、境内地の返還によって宗教法人として神社が活動するための社会経済的な基盤を整備することでした。

◆ 宗教法人となった神社

　宗教法人法に基づき、一般的に宗教団体が宗教法人となるためには、礼拝の施設を持ち、儀式行事を行い、信者を教化育成することを目的としていることが必要です。宗教法人法第2条には、「宗教団体の定義」のところに「神社」という記載がありますので、現行法では神社も宗教団体の一種として取り扱われていることが明らかです。

　次頁の**表**に代表的な神道系の宗教法人の宗教団体数、宗教法人数、教師数、信者数を示しましたが、現在、私たちが一般的に「神社」と考えているものの大半は、神社本庁の包括下にある神社です。全国の神社数の約96％にあたる7万8000社余が神社本庁の傘下にあり、神職数は約2万1000人、信者は約7900万人です。神社本庁以外にも京都や北海道などの一部の神社にて

宗教法人法（一部）

（この法律の目的）

　第1条　この法律は、宗教団体が、礼拝の施設その他の財産を所有し、これを維持運用し、その他その目的達成のための業務及び事業を運営することに資するため、宗教団体に法律上の能力を与えることを目的とする。

　2．憲法で保障された信教の自由は、すべての国政において尊重されなければならない。従って、この法律のいかなる規定も、個人、集団又は団体が、その保障された自由に基いて、教義をひろめ、儀式行事を行い、その他宗教上の行為を行うことを制限するものと解釈してはならない。

（宗教団体の定義）

　第2条　この法律において「宗教団体」とは、宗教の教義をひろめ、儀式行事を行い、及び信者を教化育成することを主たる目的とする左に掲げる団体をいう。

　1．礼拝の施設を備える神社、寺院、教会、修道院その他これらに類する団体

　2．前号に掲げる団体を包括する教派、宗派、教団、教会、修道会、司教区その他これらに類する団体

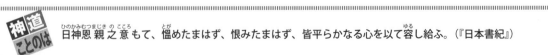

神道ことのは

日神恩 親之意もて、慍めたまはず、恨みたまはず、皆平らかなる心を以て容し給ふ。（『日本書紀』）

組織される神社本教や北海道神社協会など小規模の包括法人や、伏見稲荷大社や靖國神社のように包括法人に所属しない単立の神社もあります。

戦後、神社の多くは宗教法人の道を選択しましたが、神社が宗教法人となっているにもかかわらず、宗教法人法で定める宗教法人とは法人の性格が異なるのではないかという議論が終戦から75年以上経た現在もあります。それゆえ日本固有の信仰である神社・神道のあり方が、日本国憲法をはじめとする戦後の法制度の中で取り扱われるときに、特に政治や行政とのかかわりをめぐって様々な問題が生じることともなりました。とりわけ憲法20条、89条に定める信教の自由や政教分離原則にかかわる、いわゆる政教問題と呼ばれる事象がこれにあたります。具体的には、毎年夏にメディアで報じられる靖國神社へ首相や閣僚が参拝することに対する是非や、津地鎮祭事件最高裁判決のように、市立体育館地鎮祭の斎行にあたり、津市が公費を支出したことが合憲か違憲かをめぐって争われた訴訟などが挙げられます。また、1300年前から20年ごとに行われてきた伊勢神宮の式年遷宮も戦前までは国費が支出されていましたが、戦後は民間からの募財を中心にその経費が賄われています。

神社の主たる目的は**祭祀**の厳修にあり、教義を広めたり信者を育成することは従たる目的で、積極的な布教活動は行っていません。もちろん、神社にも一定の信仰がありますが、教義は統一されていません。むしろ、個々人が神や神社に向かって多様な信仰を持つことを認めています。信者の教化育成という点についても、歴史的にいうと神職は祭祀を行うだけで他にまかせてきた面も多く、神社の公共性とそのあり方にはいまだ議論が続いています。

表　日本の主な神道系の宗教団体 （文化庁編『宗教年鑑』令和2年度版より）

団体名	宗教団体数	宗教法人数	教師数	信者数	団体名	宗教団体数	宗教法人数	教師数	信者数
神社本庁	78,649	78,544	21,619	79,018,643	實行教	87	46	250	10,910
神社本教	78	78	43	10,000	神習教	93	85	203	126,181
北海道神社協会	60	60	16	50,000	神道大成教	30	12	173	21,515
石鎚本教	152	82	1,516	45,530	御嶽教	346	269	1,119	42,550
木曽御嶽本教	199	92	1,616	41,986	神道大教	163	151	470	21,375
黒住教	307	298	1,312	297,351	禊教	61	15	482	78,675
神道修成派	52	40	213	8,084	神理教	139	92	938	67,248
出雲大社教	161	102	8,212	1,266,058	金光教	1,484	1,393	3,521	397,461
扶桑教	135	100	425	31,150	大本	715	39	4,280	166,367

※宗教団体数には宗教法人数が含まれています。天理教については、教派神道十三派の一つですが、現在、諸教に分類されるため除いています。

解説　　天照大神の広く大きなお心のように、お互いを責めず、恨まず、許しあいたいものである。
『日本書紀』は舎人親王らの編纂による我が国最古の官撰の正史。

金光教本部の会堂

◪ 神道系の教団と教派神道

　前項の表で、神道系の教団についても少し挙げてみました。日本の民族信仰である神道は時代の移り変わりとともに、多様な形態を経て今日に至っています。中世の伊勢神道をはじめとして、吉田神道、伯家神道、理当心地神道、垂加神道、吉川神道、復古神道など、近代に至るまで数多くの学派が成立しました。また、幕末維新期からは教祖と呼ばれる人物を中心に組織だった布教を行う神道教団も現れました。それらはのちに**教派神道**と呼ばれ、明治時代の宗教行政により**神道十三派**と称されました。教派神道とは、伝統的な神道の儀礼や教え、近世の国学や復古神道の影響を受けながら成立した教派のことです。具体的には黒住教、神道修成派、出雲大社教、扶桑教、實行教、神習教、神道大成教、御嶽教、神道大教、禊教、神理教、金光教、天理教のことを指します。これらの教団から、さらに分派・独立した教団もありますし、大本のように明治以降に生まれた神道系新宗教の教団も数多くあります。

　神道の研究には、こうした神道系の教団に関する研究も含まれることになります。

◪ 神道と武道

　武道は、剣道や柔道、弓道、合気道など特に近世から近代にかけて日本において発達をとげた武術の総称として用いられています。この武道に関する種目は、いずれも勝敗や優劣を第一とする他のスポーツとは異なります。また、多くの武道場には神棚が設けられていますが、その神棚には鹿島神宮や香取神宮などの神札がお祀りされています。あるいは「鹿島神流」のように、鹿島神宮に古くから伝わったとされる「鹿島の太刀」に因む武術や、中世以降に創始されたとされる「神道無念流」や「神道一心流」「神道夢想流」など、「神道」の名を冠した剣術や杖術の流派など、神道と武道のかかわりは、歴史的にも浅からぬものがあります。

　相撲も神道との関連が深く、現在でも大相撲では様々な神事が行われています。例えば、場所前には「土俵祭り」といわれるお祭りが行われますが、土俵正面に三本の幣を立てて、

神社の武道場
埼玉県越谷市の久伊豆神社には、修道館と呼ばれる武道場があり、空手などに利用されているほか、日中は子育て支援にも用いられている。
〔久伊豆神社提供〕

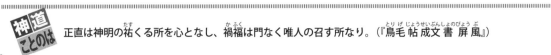
神道
ことのは　正直は神明の祐くる所を心となし、禍福は門なく唯人の召す所なり。（『鳥毛帖成文書屏風』）

江戸時代の相撲絵
（歌川国貞画）

脇行司が土俵を祓い清めた後に司祭の立行司が祝詞を奏上して、四方にある房に神様を祀ってお酒を捧げます。そして土俵の中央に設けられた穴に洗米、塩、するめ、榧の実・勝栗・昆布を納めます。神事を行うことで邪気を祓い、場所中の息災を祈願しているのです。

相撲は、遠く神代の時代にまで遡ると、『古事記』では、建御雷神と建御名方神が出雲の伊那佐の小浜で「力くらべ」をしたことが記録されています。さらに『日本書紀』には野見宿禰と当麻蹴速が垂仁天皇の前で相撲を取ったことが記されており、この故事が相撲の起源とされています。現在でも相撲の世界では戸隠大神、鹿島大神、野見宿禰を相撲の三神と崇めていますが、その中に野見宿禰がいるのは、この故事に因むものです。

また、平安初期の朝廷では毎年、作物の豊作を祈る宮中儀礼として「相撲節会」が執り行われていました。その後、鶴岡八幡宮など有力社寺では「相撲職」と呼ばれる社寺に従属する形の専門職も登場し、江戸期には相撲の興行に際しては寺社奉行の許可が必要とされていました。

現在でも、全国各地の神社で神賑行事、奉納行事の一つとして、数多くの相撲神事・奉納相撲が行われています。例えば、子どもの健康を願う「泣き相撲」（栃木県：生子神社）をはじめ、「花相撲」（茨城県：鹿島吉田神社）、「一人相撲」（愛媛県：大山祇神社）、「唐戸山神事相撲」（石川県：羽咋神社）、「神相撲」（福岡県：八幡古表神社）などが代表的なものですが、これらはいずれも予祝や五穀豊穣を祈るためのものです。

相撲のみならず、大正期から昭和初期には武道やスポーツの奨励のため、神社に**武道場**を設け、武徳祭といわれるお祭りが行われていました。現在、全国に武道場をもつ神社は79社、相撲場を持つ神社は395社、また奉納武道の行事を行う神社は476社あるという調査結果があります[2]。また、相撲を含む奉納行事を行う神社も1124社あることから、神道と武道との歴史的なかかわりからしても、青少年の健全育成のために境内を用いて各種武道の奉納行事を行うことは、神社の社会的な活動としても、今後さらに多くの神社に奨励されるべきものといえます。

神道と武道をはじめとして、日本人の信仰の歴史を身体的な視点から見つめ直すとき、神道や神社との切り離せないかかわりが見えてきます。

＊2　いずれも神社本庁調査：令和2年12月末現在

解説　正直は神の助けるところとなり、幸福や禍は人が自ら招くものである。
『鳥毛帖成文書屛風』は正倉院宝物の屛風。君主の座右の銘ともいえる言葉が漢文で書かれている。

松尾大社の木造男神坐像
現存の神像としては最古に属
するもの。松尾大社には二体
の男神像と一体の女神像が祀
られている。国指定重要文化
財。松尾大社は賀茂神社と並
び山城国（京都府）を代表す
る古社。〔松尾大社提供〕

◆ 神道芸術

　神道にかかわる芸術は、多岐にわたりますが、本章ではまず**神道美術**と呼
ばれる美術工芸品について取り上げてみましょう。日本の美術史の上では、
仏教の伝来以降、神仏の習合が進むなかで、本地垂迹思想などの影響を受
けて作成された神像図や神像などは代表的な神道美術の一つです。例えば、
京都東寺の若宮八幡神像、石清水八幡宮に伝わる「僧形八幡神神像」や松尾
大社の「木造男神坐像」、吉野水分神社の「玉依姫神像」、薬師寺に伝わる「龍
田明神図像」、出雲大社の「大国主神像」など、御神像をはじめとする図像
の類がこれにあたります。その他、「祇園祭礼図」や「一遍上人絵伝」のな
かにある石清水八幡宮の社頭図のような祭礼や社頭を描いた絵図、「若狭国
一宮縁起」や「北野天神（北野天満宮）縁起」など神社の縁起や霊験談を描
いた縁起絵などの絵画、あるいは伊勢や熊野、山王（日吉）、春日、富士な
どの「曼荼羅図」も神道美術の作品として挙げられます。さらには、伊勢の
神宮や日光東照宮のように、社殿の遷宮や造営に際して名だたる職人らに
よって精魂込めて造られた御神宝や装束、社殿内外の彫刻や装飾、はたまた
御神輿や拝殿などに奉納される絵馬額、算額、境内の灯篭や狛犬などに至る
木造、石造の工芸品なども神社や神道にかかわる芸術品として挙げられます。
　美術作品以外にも、各神社の祭礼にあわせて、獅子舞やお神楽、あるいは
地元の地名や神社名等を冠した○○舞や○○民謡、○○踊り、○○太鼓に至
るまで、各々の地域で育まれてきた**神事芸能**の奉納も神道にかかわる芸術と
しては欠かせないものです。例えば、神事奉納の一環として独自の伝承・発
展を遂げてきた山形県庄内地方の黒川能や、猿楽にもゆかり深い奈良市の春
日大社の摂社若宮で行われる「若宮おん祭り」などは、能の歴史を語る上で
は欠かせないものでもあり、神社にかかわる神事芸能として取り上げるべき
ものといえるでしょう。

北野天満宮縁起絵巻
讒言によって亡くなった菅原道真の霊を天神として祀る北野天満宮の草創の
由来とその霊験譚を集めた絵巻。絵巻の右上に、雷神となって現れる道真が
描かれている。〔國學院大學博物館蔵〕

　約600年前の室町時代に観阿弥、世阿
弥の親子によって大成された**能**は、現在
でも多くの神社で奉納されており、広島
県の厳島神社や東京の靖國神社など、大
きな神社には能舞台が設けられていま
す。また、大阪の住吉大社をはじめ、能
面や装束を所有している神社も数多く知
られています。なかでも厳島神社の能舞

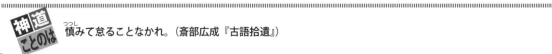

能の演目「龍田」（シテ方：小島英明）
〔前島写真店撮影〕

台は国の重要文化財に指定されており、毎年4月16日〜18日には桃花祭神能が奉納されています。また能の原典ともいうべき**翁舞**は、五穀豊穣や天下泰平を祈る祈祷の舞ですが、この翁舞を舞うにあたっては、鏡の間と呼ばれる楽屋に神棚を設け、切り火をするなど、聖俗の区別をつけて舞台に臨むことが知られています。能の曲目は300番以上あるといわれていますが、神社に関する曲目も多く、住吉明神の物語とされる「高砂」や、出雲大社の神有月の様子を語る「大社」、三輪明神が僧に苦しみから救って欲しいと頼む「三輪」、賀茂社の御祖神と別雷神が登場する「賀茂」、伊勢の神職が神徳をたたえ舞を舞う「内外詣」、龍田明神があらわれ神楽を舞う「龍田」など、神々に因むものが多いことがわかります。能とともに発達した狂言についても「禰宜山伏」「素袍落」など神社にちなむ演目があります。

　この他、神道にちなむ芸術文化の一つとして**雅楽**が挙げられます。雅楽は日本古来の儀式音楽や舞踊と飛鳥時代から平安時代初めにかけて、中国大陸や朝鮮半島から伝えられた音楽や舞が融合する形で発達し、日本の古典音楽として世界に高く評価されています。現在も皇室の行事や神社・寺院の儀式で演奏されていますので、皆さんもどこかで龍笛や篳篥、笙の音を聞いたことがあるのではないでしょうか。

現代社会と神社神道

　古代から信仰されてきた神社神道は、日本の基層文化の面だけでなく、変化の激しい現代社会においても連綿と生き続けています。それゆえに現代社会において顕在化した種々の問題に対する意味を問われたり、対応を求められることもあります。そこで本章では、現代社会における多種多様な問題のなかから、環境、情報化社会、国際交流の三つを取り上げて、神社神道が果たすべき役割や課題、意味の一端について考えてみましょう。

◆ 神道と環境問題・国際交流

　『万葉集』には、**社**もしくは**神社**と書いて「モリ」と読ませる例が多くあります。これは、古代の日本人が特に神異を感じていた特別な森のことで、神が降臨し鎮座する依代となるような木々の密生する地のことです。それゆ

解説　常に身を慎み、怠けることなく力をつくしなさい。
　　　『古語拾遺』は斎部広成が大同2年に撰述した書。記紀に漏れた斎部氏の古伝も含まれている。

南方熊楠

南方熊楠は明治末期に政府主導で実施された神社整理施策に対し、神社林に保たれる自然の生態系が失われることを「エコロジー」の名称を用いて指摘し、反対運動を行った。

え、古代には一般的な「森」の字と区別し、神社と書いて具体的に神の坐す場所として示していました。現代の私たちも**鎮守の森（社）**といえば、こんもりとした豊かな森に覆われ、境内に設けられた鳥居や神殿などの建造物とが森と渾然一体となって、神社の神域として形成されている光景を思い浮かべるでしょう。

近年、地球温暖化の影響で世界的な規模で気候変動が起こり、毎年のように集中豪雨などの大規模な自然災害に直面していますが、鎮守の森と称される神社は、今後の環境問題を考える上で、私たちに長い歴史を通じて培われてきた自然と人間との深い共生の関係の大切さを示唆するものです。博物学者として知られる南方熊楠は、明治末期に政府主導で行われた神社の合祀や合併（神社整理）で神社の森が減少してしまうことに対して、敬神思想の退廃や風致面の破壊のみならず、地域の歴史や文化、人情の衰微、さらには人々の慰安の機会をも剥奪されるという弊害を指摘しましたが、100年以上前の南方熊楠の指摘は現代にも通ずるものがあります。

しかしながら現在、この鎮守の森を含む神社の土地が、毎年東京ドーム10個分程度の面積で減少しているという調査結果もあります。その多くは道路の建設や河川工事などによるものですが、公共事業の名の下に神社が様々な開発の対象として安易に組み込まれ、私たちの祖先が何代にもわたって神々への畏敬の念をもとに守り育ててきた鎮守の森が犠牲となっているという厳しい現実も一方では存在しているのです。

道路工事で境内地が縮小した神社

森林保護をはじめ、環境問題に関しては鎮守の森を通じた日本人の伝統的自然観をもとに、自然との共生の理念を訴える神道の提言が、国内のみならず国際社会のなかでも注目されています。

神社本庁では、平成5年（1993）に行われた伊勢神宮の第61回式年遷宮に併せて、翌6年に三重県伊勢市で「千年の森シンポジウム」を開催して、人と自然との共生のあり方を国内外に広く発信しました。その後、平成8年（1996）から平成13年（2001）にかけてパックス・クリスティ・フランス主催で開催されたクリングンタール環境問題シンポジウムでは、日本から神道学者が招聘され、水や

オフィスビルと一体化した神社

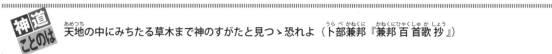

渋谷スクランブルスクエア屋上から見た明治神宮の森
100年前に作られた明治神宮の森は東京ドーム約15個分にあたる面積を持ち、真夏には1秒間にペットボトル100本分にあたる水蒸気を大気中に発している。神宮の森は都心の気候緩和作用や大気の浄化に大きく寄与している。

土、樹木や動物種など神道と深くかかわるテーマが論じられたほか、平成9年（1997）には、ハーバード大学世界宗教研究所の学術シンポジウム「神道とエコロジー」に神社本庁から代表団を派遣して参画し、環境保護の理念に通じる神道の共生の思想を広め、どう実践につなげるかが議論されました。平成27年（2015）の国連サミットで宣言され、世界的な規模で実践が求められている「持続可能な開発目標（SDGs）」についても、神道は樹木をはじめ自然の事物を神と崇めて敬い、鎮守の森を中心に地域の社会環境や伝統文化を守り育ててきただけに、そうした神道の持つ知恵や思想、社会活動を国内のみならず世界中に提言・発信し、人々の具体的な実践活動につなげていくことが今後さらに必要となるでしょう。

　グローバル化する世界の中では地球環境問題のみならず、諸外国との友好や諸宗教との連帯も大事な問題となっています。神道は日本固有の信仰であるから諸外国との関係はないと思われるかもしれませんが、人の移動や物の流通のみならず、インターネットを通じての交流も密接となっている現代社会においては、むしろ日本固有の宗教である神道の持つ考え方を諸外国に提言することで国際親善に寄与することが必要となっています。戦後、多種多様な国際交流が行われてきましたが、先に述べた環境問題のほかに、世界平和の問題に対しても神社界は積極的に関与してきました。特にセント・エジディオ共同体が主催する「平和のための世界集会」は、世界中から多種多様な宗教者が集まる集会としては最大規模のものですが、日本からも神社本庁をはじめとする多くの神道関係者が参加して、意見の表明や世界平和祈願祭を斎行しています。他にも神社本庁は昭和45年（1970）に発足した**世界宗教者平和会議**（WCRP）および同日本委員会に参画して諸外国の宗教者と世界平和のための諸活動を行うとともに、世界連邦日本宗教委員会などにも参画し、神道がどのように世界平和に貢献できるのか、国内の宗教とも連帯しながら、世界平和を目指して様々な取り組みを行っています。

◆ 神道と情報化社会

　出版、ラジオ、テレビといったマスメディアに加え、近年インターネットメディアによる情報メディアの発達は、今日の社会生活にとって重要な位置を占めていますが、それは神社神道にとっても例外ではありません。特にTwitterやinstagramなどソーシャルネッ

平和のための世界集会
平成29年（2017）にドイツ西部のミュンスターで行われた世界集会では、ドイツのメルケル首相が参加したが、日本からは神社本庁や明治神宮からも多くの関係者が参加した。〔神社新報社提供〕

解説　草や木にも、神の姿を見て、自然に対し畏怖の心を持ちなさい。
『兼邦百首歌抄』は卜部兼邦が詠んだ神祇に関する歌に、神代の故事を加えて説明したもの。

痛絵馬

茨城県の大洗磯前神社では、大洗町を舞台にしたアニメ「ガールズ＆パンツァー」にちなんで、同社を訪れるファンが、聖地巡礼と称し、登場するキャラクターを描いた「痛絵馬」を奉納する光景がみられる。

三峯神社の御神木

パワースポットとして名高い富士山

トワーキングサービス（SNS）の発達は、映画やテレビドラマやアニメ、マンガ、ゲームなどのサブカルチャーを愛好する人々によって、アニメなどに登場する神社や、モデルとなった神社を「聖地」として捉え、その聖地をファンが訪れるという**聖地巡礼**と呼ばれる新たな現象を生み出しました。この現象は、観光行動の一つであるコンテンツ・ツーリズムの一種としても知られています。

　例えば、茨城県の大洗磯前神社は平安時代の『延喜式』神名帳にも登載される古社ですが、平成24年（2012）から翌年にかけて放映された「ガールズ＆パンツァー」というアニメに登場したことで、このアニメのファンが「聖地」と称して参拝に訪れ、キャラクターを描いた「痛絵馬」と称する絵馬が多数かけられるようになり、地元商工会も町おこしにこのブームを活用するまでになりました。同社はこのアニメに加え、「艦隊これくしょん」と呼ばれる別のアニメおよびゲームにも関連することから、ミリタリーなど別のコンテンツでの聖地としても知られています。なお、神社が映画やアニメなどの聖地巡礼の地となっている例としては、東京都の神田神社（「ラブライブ！」）、埼玉県の鷲宮神社（「らき☆すた」）などが挙げられます。

　また、平成17年（2005）頃にテレビに登場する霊能者が女性向け雑誌で全国各地の神社を「スピリチュアル・サンクチュアリ」として紹介したことなどをきっかけに雑誌やテレビ番組で神社を**パワースポット**として特集記事で紹介するようになり、以後SNSの利用者の上昇とともに、各地の神社がパワースポットとして紹介されるようになりました。なかには最初に参拝すべき神社の社殿には行かずに、パワーがあるとされる神木や湧水の泉などへとまっしぐらに押し寄せる人々の姿が問題視されることもあります。神社・神職を主体としてみた場合、こうした情報メディアの発達をいかに教化活動に活用していくかという課題があります。

東京大神宮
神前結婚式の創始で知られる東京大神宮は、恋愛成就のパワース
ポットとしても知られている。

＊3　総務省「令和2年通信利
用動向調査」

とりわけインターネットは、低コストで文字・画像・動画情報を世界中に発信・共有でき、双方向のやりとりが可能なメディアとしてこの十数年で普及が格段に進みましたが、そのなかで問題となったことの一つに**バーチャル参拝**があります。平成18年（2006）、平成22年（2010）に神社本庁は、この参拝のあり方に関する通知を出して、社頭での拝礼をともなわないことを理由に正式な参拝とはみなさないとしました。

現在、国内においてモバイル端末の世帯別所有率が96％[3]を超える状況にあり、人々が多様な情報をスマートフォンなどのモバイル端末を用いて入手しています。そのような状況になるなかで神社や神道についての正しい情報を発信し、地域の人々とのつながりを再構築するためには、既存のメディアに加え、インターネットメディアも有効なツールの一つであり、ウェブサイト以外にソーシャルメディアであるTwitterやinstagram、Facebook、YouTubeなどを活用し、既存の社報以外に写真や動画投稿などの情報発信を積極的に行っている若手・中堅の神職もみられます。

IoT（Internet of Things）やAI（artificial intelligence）技術の進化、DX（Digital Transformation）の浸透によって、現代社会はSociety5.0と呼ばれる、より高度な情報化社会へと進展していく過程にあります。私たちの社会生活も今後、大きく変化していくことが予想されますが、日本の宗教文化、精神文化の一翼を担ってきた神社・神道は今後どのようになっていくのでしょうか。

|事後学修|

近年の情報メディアの発達にともなって、神社でもさまざまな情報の発信が行われていますが、ホームページ以外Twitterやinstagram、Facebook、YouTubeなどのSNSを神社が積極的に用いることについて、そのメリットやデメリットを具体的な事例を調べて600～800字程度で論じてください。

第9章 神社を取り巻く多様な問題

Ⅲ 現代社会からみる神道

黒﨑 浩行

| 事前学修 |

以下の文章を読んで、将来的に予想される日本の状況における神社のあり方について考えてみましょう。

　平成24年（2012）に、『地方消滅』（増田寛也編著、中公新書）という本が出版され、大きな話題になりました。そこでは、日本の人口減少が次のような流れをたどっていくことが記されています。若者を中心とする地方から都市への人口移動が進み、これが都市での晩婚化、晩産化、少子化をもたらし、さらに地方の人口流出と低出生率、都市の超低出生率が加速し、その先には大都市圏のみが存在する「極点社会」が到来する、と予測しています。

　増田らは「選択と集中」の考え方によって「地方中枢拠点都市圏」を「人口のダム」とする「防衛・反転線の構築」を提言しています。

　しかし、この提言について農学者の小田切徳美は「農村たたみ論」を引き起こすとして批判しています。そして、各地ですでに行われている取り組みをとりあげながら、内発性、総合性・多様性、革新性にもとづく地域づくりの実践を提案しています（小田切徳美『農山村は消滅しない』岩波新書）。

　こうした現代日本社会の状況や、とるべき対策について、神社はどのような関わりをもつと思いますか？　またそれはなぜでしょうか？

熊本県球磨郡五木村・五木阿蘇神社
（平成16年、川辺川ダム建設計画により水没予定地から三社を合祀、遷座）

都市化と神社

戦後日本の経済復興により、大都市圏への人口集中が進み、それは神社にとっても大きな変化をもたらしました。

農村社会学者の鈴木栄太郎は、日本の地域社会を「家」と「村」という2つの単位から構成されていると考えました[*1]。この場合の村は行政の単位としての村ではなく、江戸時代から続いてきた集落自治の単位としての村を指します。村の共同生活においては、さまざまな慣習、しきたりや相互扶助の仕組みが折り重なっています。神社の信仰をともにし、祭りを営んできた氏子組織もその一つであると考えられます。

＊1　鈴木栄太郎「日本農村社会学原理　上」『鈴木栄太郎著作集』1、未来社、1968

こうした神社と氏子の関係のありようは、明治期の神社行政によっても変化をこうむってきましたが、戦後の都市化はそれ以上の揺さぶりをかけたと言えます。

大都市圏は、かつて農村だった周辺地域、すなわち郊外に住宅地区を広げていきます。そこにはもともと村の鎮守がまつられていましたが、新しく住みはじめた人々の中にはその存在を知らず、また祭りに関わることもない、という人が多くいる状況が生まれてきました。

都市化は核家族化や個人主義的な価値観への変化をともなっていますので、農村を基盤としてきた神社の信仰になじまない人が多く出てくることも容易に予測できるところです。

昭和40年代前半にこうした実態を調査した社会学者の森岡清美・花島政三郎によれば、この時期に進んだのは来住時期による氏子意識・氏子行動の傾斜（新しく住みはじめた人ほど氏子意識が薄く、氏子行動が乏しい）と、神社神道的な意識・行動の拡散（正月行事や初宮詣り・七五三など、来住時期にかかわらず広く行われているものもある）である、と言います[*2]。

＊2　森岡清美・花島政三郎「近郊化による神社信仰の変貌」『國學院大學日本文化研究所紀要』22、1968

平成8年（1996）に第1回の調査が行われた神社本庁総合研究所の「神社に関する意識調査」からも、同様の傾向が読み取れると、宗教学者の石井研士が指摘しています[*3]。また、そうした中で一部の神社が氏子区域に関わりなく信仰を集める崇敬神社化が進むと論じています。

＊3　石井研士『戦後の社会変動と神社神道』大明堂、1998

つまり、都市化に伴って、地域社会の共同生活に密着していたものとしての神社に無関心な層が増えていき、その傾向は今も進行中なのです。

しかし、そうした中にあって、神社の存在を新住民に開いていく取り組みも行われています。首都圏郊外の多摩ニュータウンに鎮座する落合白山神社

落合白山神社

もその一例です。金子淳によると、落合白山神社は昭和55年（1980）に区画整理事業に伴って多摩中央公園に隣接する場所に遷座することになりました[4]。そのさい、旧住民からなる氏子たちの中で白山神社の歴史を学び直そうという機運が生まれ、再建事業に多くの寄附が集まっただけでなく、ニュータウンと神社との関係に配慮した境内地の設計を検討し、自動車での直接乗り入れが可能な参道、多摩中央公園に続く遊歩道などを整備しました。そして、遷宮祭には新住民が招かれ、「神社が新旧の住民融和に一役」と当時の新聞記事に紹介されるまでになったのです。

＊4　金子淳『ニュータウンの社会史』青弓社、2017

過疎化・少子高齢化と神社・祭り継承の危機

奥三河の花祭〔時事〕

花祭動画

＊5　早川孝太郎『花祭』講談社学術文庫、講談社、2009（原著1930）

＊6　久保田裕道「解説」早川孝太郎『花祭』講談社学術文庫、講談社、2009
星野紘『村の伝統芸能が危ない』岩田書院、2009

大都市圏への人口集中と同時に、地方の過疎化も進行してきました。

令和3年に制定された「過疎地域の持続的発展の支援に関する特別措置法」では、過疎地域を「人口の著しい減少等に伴って地域社会における活力が低下し、生産機能及び生活環境の整備等が他の地域に比較して低位にある地域」と言い表しています。そして、国勢調査の結果によって算出される人口減少率と高齢者（65歳以上）の人口比率を過疎地域指定の基準としています。

平成26年（2014）に、民間のシンクタンク「日本創成会議」が896の「消滅可能性自治体」を発表し、その代表をつとめる増田寛也が『地方消滅』を著しました。このとき、人口減少、少子高齢化の実態と行く末にあらためて注目が集まりました。

過疎地域では、祭りや、そこで奉納されてきた民俗芸能（郷土芸能ともいう）も、担い手の不足による継承の危機を迎えています。

愛知県北設楽郡に伝わり、国指定重要無形民俗文化財となっている「奥三河の花祭」もそのひとつです。毎年12〜1月に各集落で行われてきた祭りで、民俗学者の早川孝太郎が大正末期から昭和前期にかけて悉皆調査したことで知られています[5]。その当時は23か所で行われていたのに対し、その後の状況を調査した久保田裕道や星野紘によると、昭和30〜40年代から、ダム建設によって集落ごと消滅する、または担い手の高齢化・担い手の不足によって花祭を休止する集落が続出して、今日に至っているといいます[6]。

宗教学者の冬月律は、高知県旧窪川町でのフィールドワークにもとづき、

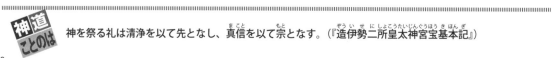

神道ことのは　神を祭る礼は清浄を以て先となし、真信を以て宗となす。（『造伊勢二所皇太神宮宝基本記』）

110

過疎地域における神社の運営形態を、実質・祭礼氏子の割合と氏子意識、神職の役割という二つの軸によって、「神職・氏子混合型」、「氏子主導型」、「神職・氏子・崇敬者混合型」、「神職主導型」の四つに分類したうえで、旧窪川町では「神職・氏子混合型」と「氏子主導型」の二つのみがあるとして、それらがどのように維持されているか、また今後も維持できるのかについて論じています[7]。そこでは、神職と氏子との日常的な交流の有無が鍵となっています。過疎化・少子高齢化の中にあっても、神職と互いに信頼関係を保ち、祭りやその準備に積極的に参加する氏子がいるかぎり、神社は存続する、けれどもそうした関係がなくなれば、神社の存続は危うくなる、と言えそうです。

＊7　冬月律『過疎地神社の研究―人口減少社会と神社神道』北海道大学出版会、2019

地域課題に向きあう神道文化

◆ 地域再生の資源としての神社・祭り

　過疎化・少子高齢化は地域全体、さらには日本全体の課題であり、その対策、すなわち地域再生には行政、市民、企業などのさまざまな主体が取り組んでいるところです。

　「過疎地域の持続的発展の支援に関する特別措置法」でも、移住・定住、地域間交流、産業の誘致・振興と雇用の確保、情報通信・交通の整備、子育て・福祉環境の整備、美しい景観や地域文化の維持など、多岐にわたる対策が掲げられており、そのどれも重要だと言えます。

　こうしたなかで、神社や祭りは、それ固有の価値をもつことと同時に、地域再生のための資源として考えることができるかもしれません。

　先に触れた奥三河の花祭では、都市部に移り住んだ人（出郷者）が、祭りのときに帰郷して参加し、祭りの持続を支える一翼を担っています。こうしたことは、他の地域でもよく見られることでしょう。

　また、青年層による祭礼の運営への参加機会を創出し、それが地域の持続的発展を支えている事例もあります。熊本県人吉市の青井阿蘇神社は、毎年10月に例大祭「おくんち祭」を行いますが、この祭礼を運営する奉賛会に、宮司の発案で「継承部」が加わりました。奉賛会組織は高齢化が進んでいましたが、境内前の蓮池の清掃、お旅所のテン

おくんち祭動画
人吉市　青井阿蘇神社

青井阿蘇神社奉賛会継承部
（平成24年10月9日撮影）

解説　神を祭る礼儀は、清浄であることと、正直に真心をもつことが根本である。
　　　『造伊勢二所皇太神宮宝基本記』は伊勢神道の教典である神道五部書のうちのひとつ。

ト張り、神幸行列の出発時の呼び出し・整列、交通整理などの地道な作業・運営を青年層が「継承」することに重きを置いた祭礼参加のあり方を実現したものです。

ここでの参加・交流は、祭りの持続はもとより、それぞれの人々がこの地域で担っている役割や課題に目を向け合い、地域の持続につなぐ機会にもつながっています。

秩父神社

その一つの表れとして、平成24年（2012）以降、人吉市では10月9日を「家族の時間づくり」の日と定め、小中学校の休業と、事業所の年次有給休暇取得の促進を行っています。これは国土交通省観光庁と厚生労働省の事業によるものです。他には埼玉県秩父地域でも、平成27年以降、12月2・3日に行われる秩父神社の例大祭「秩父夜祭」を中心とする時期に、学校の休業と年次有給休暇取得の促進を行っています。

平成31年に改正された文化財保護法により、個々の文化財の「保護」から、地域計画にもとづく総合的な「保存活用」へと視点を移した文化財保護制度の変化も、上記の考え方と重ねてみることができるでしょう。

◆ 多様な担い手とその連携

先にも触れたように、地域再生の取り組みには地域内外のさまざまな主体、担い手が関わっており、それは祭り・芸能の維持についても言えることです。

星野紘によると、奥三河の花祭では、先述した出郷者のほかに、近隣の小学校生徒と教師、廃校舎で共同生活する和太鼓集団、集団移住先の神社・氏子（移住先に鎮座する神社での花祭に参加）、東京民族舞踊教育研究会などが協力者として挙げられています[8]。地域住民が伝統継承の中心を担いつつ、できる範囲でさまざまな協力が行われています。

*8　星野、前掲書

また、社会学者の山下祐介は、近隣の集落や市街地を巻き込んだ祭りの存続の事例として、青森県弘前市の沢田地区で行われている小正月行事「ろうそく祭り」を挙げています[9]。階段状の参拝道を数百本のろうそくで灯して豊凶を占う幻想的な行事を支えようと、市町村合併前に存在していた、沢田地区を含む相馬村の住民が実行委員会を組織し、弘前大学の学生たちも手伝って、祭りの準備、参拝者の迎え入れを行った、というものです。

*9　山下祐介『限界集落の真実―過疎の村は消えるか？』ちくま新書、筑摩書房、2012

神社界の過疎地域神社対策でも、こうした面がよりはっきりと打ち出されるようになってきました。神社本庁は、昭和50年から「神社振興対策教化モデル神社」事業を行っていました。「氏子・住民と神社との密着をはかる」た

沢田ろうそくまつり動画
弘前市　沢田神明宮

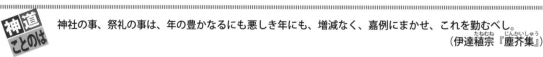
神道
ことのは　神社の事、祭礼の事は、年の豊かなるにも悪しき年にも、増減なく、嘉例にまかせ、これを勤むべし。
（伊達稙宗『塵芥集』）

112

め、3年間1期で各都道府県につき一社の神社を「教化モデル神社」として指定し、教化に関する資料・情報を提供するとともに、資金的な援助を行い、活動成果を報告してもらう、というものです。この事業は第13期（平成24～26年度）で終了し、平成29年度からは「過疎地域神社活性化推進施策」がこれに代わって進められることになりました。ここでは指定地域を過疎地域に特化し、指定地域の神社神職・氏子崇敬者の連携のみならず、地域内外の諸団体との協力体制を作ることが目指されています。

　令和元年（2019）に発足した、一般社団法人第二のふるさと創生協会も、過疎地域の鎮守の森の植樹や、祭礼行事のお手伝いをするボランティアを募集して、「関係人口」の拡大を図る事業を行い、実績を挙げつつあります。

　人々の協力行動により社会課題を解決するための考え方として、「社会関係資本（ソーシャル・キャピタル）」という概念があります。政治学者のロバート・パットナムはこれを「内部結束型」と「橋渡し型」に分類していますが[*10]、神社神道における氏子組織は「内部結束型」とみることができるのに対し、今日試みられているさまざまな動きは、神道文化のもつ「橋渡し型」の社会関係資本としての可能性にも視野を開くものと言えるでしょう。

＊10　パットナム, ロバート『孤独なボウリング―米国コミュニティの崩壊と再生』柴内康文訳、柏書房、2006（原著2000）

神社の公共性・公益性と社会貢献活動

◤ 災害支援・復興と神社・祭り

　近年、地震・津波、台風、豪雨といった大規模災害が全国各地で頻発しています。なかでも、平成23年3月11日に起こった東日本大震災は、その被害の大きさからも、また東京電力福島第一原子力発電所の事故を伴ったという点からも、人々の経験、記憶の中に大きく刻まれている災害です。

　東日本大震災では、沿岸部の神社、寺院が津波からの避難場所になりました。もちろん、神社も地震、津波、原発事故による被害を受けています。神社本庁の同年7月の調べでは4,585社が被災し、また243社が原発事故により立ち入りが制限されてしまいました。そうしたなかでも、高台にある神社に付近住民が避難し、一命をとりとめることができたのです。

　宮城県南三陸町の戸倉小学校では、東日本大震災が来る前まで、付近の高台への避難と校舎屋上への避難の2つの避難計画が検討されていましたが、地震当日に高台避難を決め、児童を引率して高台へ避難し、さらにその上に鎮座する五十鈴神社へ避難して、一夜を明かしたことが宮城県教育委員会に

解説　神社の事、祭礼の事は豊作・不作によって供物などの増減をせず、良い例にのっとり勤めなさい。
『塵芥集』は戦国時代の分国法のひとつ。伊達稙宗が制定。この条目は第一条である。

五十鈴神社　東日本大震災記念碑
（平成30年3月11日撮影）

津波避難場所案内図（千葉県館山市布良）

より記録・公表されています。また、五十鈴神社の参道にこのことを伝える石碑が新たに設置されています。

　避難場所となった神社の神職や、避難した住民による証言・記録は数多くあり、いずれも後世に残すべき貴重なものとなっています。

　そして、今後の防災・減災のためにも、こうした経験を活かしていく必要があります。神社のような宗教施設に多くの人が避難したとき、もしそこがあらかじめ指定避難所となっていなければ、自治体行政が状況を把握し、安否確認や支援をスムーズに行うことが難しくなります。そのため、東日本大震災での経験を踏まえて、宗教施設と自治体との間で防災協定を締結する動きが広がってきています。

　また、首都圏では、仕事先や学校、買い物などに行っている多くの人が、災害発生時に交通網が停止して帰宅困難になるという問題があります。東京都では帰宅困難者を受け入れる民間施設の確保を進めていて、その中には神社、寺院、教会などの宗教施設も含まれています。

　この機会に一度、自分の住んでいる地域で、どのような神社が避難所や帰宅困難者支援（受入）施設となっているか、また、どのような種類の災害（地震、津波、洪水など）のためのものかを、まちなかの案内板や自治体のホームページなどで確認してみてください。

　ところで、災害を長い時間軸で見た場合、災害発生直後だけでなく、多くの人が避難所にいる時期、仮設住宅に住まう時期、住宅が再建されて地域が復興する時期、とそれぞれの段階ごとに困難な課題があります。

　とりわけ、多くの命が失われ、仕事も失い、人口減少が加速するなかで、地域の人々がつながり、支え合うコミュニティを再生もしくは再編することは、とても重要でありながら困難な課題です。

　このようなときに、神社が力を発揮します。宮城県山元町の八重垣神社では、津波で社殿が流失しましたが、その跡に標柱や小社殿が建てられると、いつからかお賽銭が奉納されるようになったといいます。そして翌年6月には鎮守の森を復活するための植樹祭が行われ、7月には祭りが復活し、花火大会や神輿渡御が震災前と同じように行われました。神社周辺は災害危険区域となり、多くの氏子は、仮設住宅住まいを経て数年後に、もとの場所では

八重垣神社例祭神輿渡御
（平成24年7月29日撮影）

なく内陸の住宅地、あるいは新たに開発された山下駅周辺の住宅地などに移り住むようになりましたが、神輿渡御はそれらの地点を結ぶようにして継続されました。

そこには、創建以来の歴史をふまえて神社を守る神職、地域がバラバラになることを惜しみ、神社をよりどころとする氏子・住民のみならず、神社界や財団、ボランティアなど、より広域的な人や団体による支援が折り重なっていることがうかがえます。つまり、ここでも、地域資源としての神社・祭りのはたらきに多様な担い手が連携しつつ関わっていると言えます。

◆ 福祉・ケアと神道文化

東日本大震災において、神社・寺院など宗教施設が避難所となり、宗教者による慰霊・追悼や心のケアの活動が行われていったなかで、宗教者・宗教団体の社会貢献活動に対する人々の認知に変化はあったのでしょうか。

公益財団法人庭野平和財団が平成20年（2008）、24年（2012）、28年（2016）に行った「宗教団体の社会貢献活動に関する調査」では、平成24年の第2回以降、東日本大震災で、宗教団体が行った支援活動のうち知っているものを尋ねる質問を行っています[11]。それによると、第2回・第3回とも、知っているものとしては「避難場所」（第2回29.7％、第3回26.2％）、その次が「炊き出しなどの支援物資を提供」、次いで「葬儀や慰霊」、という順位になっています。ただし、「ひとつも知らない・わからない」が第2回49.6％、第3回54.5％と最も多い結果でした。なお、期待する宗教団体の行う社会貢献活動では、第3回調査で「災害時のボランティア活動」の選択肢が加わりましたが、これが最多の「平和の増進に関する活動」（36.8％）に次ぐもの（32.2％）となっています。

この継続的な調査では、宗教の社会貢献活動に対する人々の評価は、無関心がやや減り、肯定的な評価がわずかながら増えていることがわかっています。

この調査の中で認知の対象として挙がっている社会貢献活動の中で、神社界で比較的よく見られるものとしては、児童福祉があります。神社本庁の関連団体として、全国神社保育団体連合会があり、そのホームページでは全国各地の神社にある保育園、幼稚園が紹介されています。年中行事として神社への参拝や七五三などの幼児儀礼が含まれていることがうかがえます。

＊11　公益財団法人庭野平和財団『宗教団体の社会貢献活動に関する調査』報告書（2008年10月実施）2009

公益財団法人庭野平和財団『宗教団体の社会貢献活動に関する調査』報告書（2012年4月実施）2013

公益財団法人庭野平和財団『宗教団体の社会貢献活動に関する調査』報告書（2016年6月実施）2017

解説　やたらに神に祈り、祭りを行ってはいけない。神を軽々しく思ってはいけないのである。
『神祇訓』は江戸時代前期の儒学者である貝原益軒の書。神道の特質や神儒仏の関係を述べている。

＊12　室田一樹「鎮守の森に保育園があることの可能性」葛西賢太・板井正斉編『ケアとしての宗教』（叢書　宗教とソーシャル・キャピタル3）明石書店、2013

京都市の岩屋神社にある岩屋こども園アカンパニの園長をつとめる岩屋神社宮司の室田一樹氏は、鎮守の森に保育の場があることの意味について、保育者が子どもの成長から学ぶとともに、保育者と保護者、保護者どうしの支え合いの関係が生まれることを指摘しています＊12。

また、教誨師や保護司、民生委員・児童委員をつとめる神職もいます。教誨師は刑務所、少年院といった受刑施設で被収容者に対して宗教的なケアを行う宗教者、保護司は受刑施設を出所した人の社会復帰を支える人、民生委員・児童委員は地域住民とりわけ高齢者や子どもを見守り、行政の福祉サービスにつなぐ役割を担う人です。保護司や民生委員・児童委員は、神職という地域に密着した存在だからこそ引き受けられる役割と言えるでしょう。

それに対して、他の宗教で多くみられるような医療、老人福祉、障害者福祉に関わる神社や神職の例はあまり目立たないのが現状です。

＊13　櫻井治男『神道の多面的価値—地域福祉と宗教研究・福祉文化』皇學館大学出版部、2014

櫻井治男は、神道においては、他の宗教のように福祉実践を支える思想を表す言葉（仏教における「慈悲」やキリスト教における「カリタス」など）が示されていないのが現状であるものの、私たちが普通に用いている言葉（「子どもは神様からの授かりもの」、「お蔭様」など）に表れているのではないか、と言います＊13。

また櫻井は、神社と地域社会、自然との結びつきのなかに「福祉資源」を見出すことができるとし、一例として、島根県石見地方で伝承される神楽を知的障がい者施設の園生・職員が楽しみつつ、神楽面や衣装を授産施設で製作販売し、障がい者の就労ニーズをかなえているという事例を挙げています。

民間の社会福祉事業が広がるなかで、人々の生活に溶け込んでいる神道的な要素が、つながりや支えあいを象徴するものとして再発見されています。特別養護老人ホーム内に職員らが設置した神社が十数件あるという事例報告もあります＊14。

＊14　金田伊代「「心のケア」における神道の可能性」『神道文化』31号、2019

超高齢・多死社会に向かう状況の中で、さらなる取り組みが広がっていくことが予想できます。また、こうした領域で宗教間の知見の共有が進み、他宗教の取り組みに神社・神職が刺激を受けることも期待できるでしょう。

◆ 神社の公共性・公益性とは

神社は日本人の心のよりどころであるということがよく言われます。しかしその基盤をなしている地域社会は、戦後の都市化、過疎化、少子高齢化により大きく変わってしまいました。

それでもこのような言い方が実をともなっている場所も確実に存在してい

ます。そこでは、神社・神職と住民・氏子、あるいは氏子どうしの相互の信頼関係が維持され、次世代への伝統の継承が試みられています。また、災害によって地域が壊れてしまっても、祭りを続けることで地域の再生・再編が図られています。

　そして、こうした場所では、地域内外の人や団体による支援や交流もまた、重要な要素をなしています。

　こうした状況をふまえたうえで、現代社会における神社の公共性・公益性を考えてみることが必要ではないでしょうか。

　「公益」とは、不特定多数の人々の精神的、経済的な利益の増進に資することであって、「私益」に対置されるものです。

　明治初期において神社は「国家の宗祀」（明治4年5月14日太政官布告）とされました。第二次世界大戦後、神社は国家による管理から離れ、宗教法人法にもとづく宗教法人となり、今日に至りますが、この間も、神社の公共性・公益性が何を指すのかということをめぐる議論があったことが、近年の研究により明らかになっています[15]。

　それらをごく単純化すると、神社は国家・公共のための祈りを捧げる神聖な空間であり、そのことによって公共性・公益性を担っている、という見方と、神社は広く市民に開放された場であらねばならない、という見方であったと言えるでしょう。

　今日、神社の信仰の基盤をなしてきた地域社会は縮小・衰退局面にあります。そうしたなかにあって、さまざまな課題や困難に直面している人々の祈りを集め、地域外の人々を含めた共感にもとづく支え合いや交流へと開かれていくことは、神社の存続にとって必要であるというだけでなく、神社の公共性・公益性が増していくことにもつながると考えることができるのではないでしょうか。

＊15　阪本是丸『近代の神社神道』弘文堂、2005
藤本頼生『神道と社会事業の近代史』弘文堂、2009
藤田大誠・青井哲人・畔上直樹・今泉宜子編『明治神宮以前・以後—近代神社をめぐる環境形成の構造転換』鹿島出版会、2015

｜事後学修｜

自分の住んでいる地域、または出身地域について、その成り立ちとそこに鎮座する神社との関わりを自治体史・誌などを参照して調べてみましょう。その上で、本章で触れたような、現在の地域のさまざまな課題について、その神社がどのように関わっているか、またはその可能性があるか、考えてみましょう。

神社のイメージは？ | 石井 研士

文化庁編『宗教年鑑』（令和3年版）によれば、宗教団体としての神社（神社本庁傘下）は 78,582 団体となっています。もっとも多いのは兵庫県で 3800 団体ほど、もっとも少ないのは沖縄県で 10 団体となっています。

神社は全国の津々浦々にあり、その土地の文化や風習、歴史と密接な関わりがあります。社殿や境内地も独特でひとつとして同じものは見当たりません。それでも「神社」と言われるからには我々に何か共通したイメージが存在するからでしょう。

現在、神社はどのようなイメージを持っているのでしょうか。かつてより神社へ参拝する機会が減少している今、どのようなイメージで神社は見られているのでしょうか。

平成 28 年に神社本庁が行った世論調査に氏神様の印象に関していくつか設問が設けられています（『第 4 回『神社に関する意識調査』報告書』（平成 30 年）：全国 4,000 サンプル、層化二段無作為抽出法、回収数 1,201（30%））。

まず「好印象」か「悪印象」かについては、「氏神様を知っている」人のほとんどが「好印象」で「悪印象」はほとんどいませんでした（図1）。それでも「氏神様を知らない」「印象・関心なし」を加えた回答全体では、「好印象」は 37.5% にとどまりました。

氏神様に対する具体的な印象を複数回答で尋ねました（図2）。もっとも高い回答率を示したのは「地域の人々を守ってくれる」（27.3%）でした。次に多かったのは「心に安らぎを与え

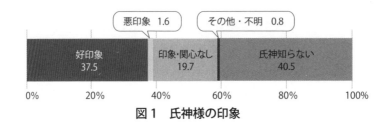

図1　氏神様の印象

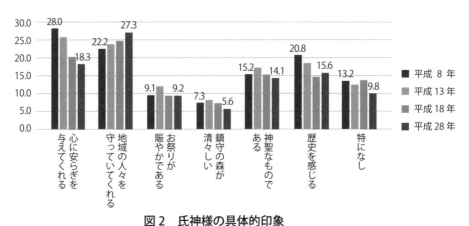

図2　氏神様の具体的印象

てくれる」（18.3%）、「歴史を感じる」（15.6%）、「神聖なものである」（14.1%）と続きます。第1回調査（平成8年）から第4回調査（平成28）の20年間に「地域の人々を守ってくれる」だけが増加して「心に安らぎを与えてくれる」と順位が逆になりました。

　いまひとつ神社のイメージに関するデータを見てみましょう（**図3**）。庭野平和財団が2019年に実施した「日本人の宗教団体に対する関与・認知・評価に関する世論調査」にも神社に関する印象が質問されています（全国4,000サンプル、層化副次（三段）無作為抽出法、回収数1,203（30.1%））。図表は宗教の系統別に印象を示したものです。

　「神道（神社）」で回答率が高いのは「伝統行事・冠婚葬祭」（47.8%）、「心・精神的」（41.2%）、「伝統文化」（38.1%）です。ところで、「伝統行事・冠婚葬祭」では「仏教（寺院）」よりも「神道（神社）」の方が高くなっていますが、「心・精神的」では逆になっています。この辺に日本人の伝統宗教に対する印象の差がありそうです。

　気になるのは「御利益」が「仏教（寺院）」よりも10ポイント以上高いことと、「神秘的」がキリスト教と同程度である点です。人々は神社にご利益を求めているということでしょうか、神社のどこに神秘性を感じているのでしょうか。

　この20年間で、「神道（神社）」のイメージは著しく高くなりました。「心・精神的」が9.8ポイント、「伝統行事・冠婚葬祭」が12.8ポイント、「御利益」が15.7ポイント、「伝統文化」が19ポイント増加しました。これらの項目は「仏教（寺院）」で高かったのですが、20年間で追い抜いたことになります。

　ここでは氏神様や神社のイメージについてデータを元に論じました。神社の現状や日本人と神社の関わりを知ろうとしたときに、自分の周囲の状況や推測ではなく、客観的に捉えることができる場合があります。過疎地の神社はどのような状態なのか、後継者問題はどうなっているか、お守りを持っている人はどれくらいの割合か、お祭りに行く人の割合はなどなど、探してみると意外に客観的なデータがあるものです。考察の際の参考にしてください。

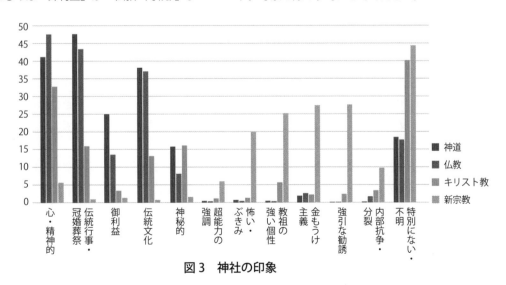

図3　神社の印象

第10章 神道と民俗
Ⅳ 祭りからみる神道

柏木 亨介・大道 晴香

|事前学修|

みなさんは「お祭り」と聞くと、どのような光景を思い浮かべるでしょうか。お神輿や神社の境内に並んだ華やかな出店が思い浮かんだ人もいるでしょう。しかし、祭りは神社だけで行われているわけではありません。

祭りを広く神霊を奉祀する儀礼だと捉えるならば、例えば、家の神棚で御神札をお祀りする行為も、れっきとした祭りだと言えます。道の脇に佇む祠に花を手向け、手を合わせる行為もまた、祭りと見なすことができるでしょう。下の文章を読んで、あなたの身の回りに目を向け、神社以外で行われている祭りの事例を探してみてください。

　古来、人びとは神を周囲の自然環境のなかに認め、神奈備、神籬、磐境、磐座に神を招いて祭りを行ってきました。そして、時代が下って社殿が設けられ、祭りの日以外でも神が常在する神社ができたといわれています。

　しかし、こうした神のすべてが神社で祀られるようになったわけではありません。いまだ神社化せず、自然環境のなかに溶け込んでいて、地域社会の人びとが生活の折り目に祭る神は、私たちがあまり意識していないだけでたくさんみられるのです。

　初版『プレステップ神道学』（2011 年発行）の第8章「神社の祭り 祭祀学」では、祭祀の種類として国家祭祀・皇室祭祀・神宮祭祀・神社祭祀・民間祭祀、の5つを挙げています。

　国家祭祀は古代においては神祇官が、近代においては国や地方公共団体などが主催する国家の平安を祈る祭祀のことを指し、皇室祭祀は宮中で皇室が行う祭祀、神宮祭祀は皇祖神をまつる伊勢の神宮の祭祀、神社祭祀は中央・地方大社や集落の氏神社などの例祭をはじめとする一般の神社の祭祀のことを指します。それらに対して民間祭祀とは、家庭内の神棚や邸内社をはじめ、路傍の小祠、森などの聖地、田畑での豊作祈願といった、神社以外の場所で一般の人びとが私的に行う祭祀のことを指します。

　本章で取り上げるのは、民間祭祀に相当するものです。民間祭祀は統一的な祭式はなく、人びとの生活上の要求から様々に変化し、民俗として展開しています。そして、いまも新たな祭りのかたちを創造しているのです。

神祭りを民俗からみる

山の神として祭られる岩石
（福島県いわき市内郷高野町）

神様が祀られている場所は神社だけではありません。またお祭りも神職だけが行っているわけではありません。家の神棚のように、一般の人びとも日々の暮らしのなかでささやかにお祭りを行っています。そこで、私たちの普段の暮らしのあり方から神様やお祭りを考えていこうとするのが本章の目的です。

こうした見方は、**柳田國男**や**折口信夫**などが提唱してきた**民俗学**という学問によって進められてきました。「民俗」の定義は研究者によって様々ですが、ここでは**日常生活上の習俗慣行**としておきましょう。

◇ 神社以外に祀られる神々

まず、神社と聞いてどのようなすがたを思い浮かべますか。社殿と鳥居、森厳な境内、などを想起することでしょう。しかし、神様を祀る場はこのようなすがただけではありません。人びとが生活の折々に手を合わせて拝む神様は、生活の場そのものに祀られています。

板橋の田遊び
稲作の作業を模して演じる。（東京都板橋区）

一人角力
大山祇神社の御田植祭と抜穂祭では人間と稲霊が角力をとる。三番勝負で稲霊が二勝するのが決まり。（愛媛県今治市大三島町）

風祭　**火焚神事**
阿蘇の農耕祭事は、年間を通して予祝から収穫までの儀礼が行われ、わが国の農耕儀礼の展開がよくわかる。写真左は風祭―風害を防ぐため神職が御幣を持ち、水田のなかを通って悪風を風穴に追い込む。写真右は火焚神事―霜害を防ぐため、ムラのなかから選ばれた少女が２か月間、火を焚いて御神体を温める。（熊本県阿蘇市）

ウチガミ
神々は様々なかたちで祀られ、磐座や依代のようなかたちをとるものも多い。（福島県いわき市内郷高野町）

＊1　代表的な例として、福井県大飯郡おおい町大島地区の「大島半島のニソの杜の習俗」がある。（記録作成等の措置を講ずべき無形の民俗文化財、2010年3月11日選択）

＊2　明治初年の神仏判然令や明治9年12月25日教部省達書第37号「山野路傍ノ神祠仏堂処分ノ件」など。

＊3　これらは「我が国民の生活の推移の理解のため欠くことのできないもの」（文化財保護法第2条3）として、国の重要無形民俗文化財に指定されているものがたくさんある。（文化庁の文化財オンラインデータベース）

＊4　種籾を蒔く日に田んぼの取水口に木の枝を立てて田の神を迎える播種儀礼。

＊5　囃子をともなう共同の田植行事である。

例えば、家の台所には火伏せの神様のお札が貼られていることがあります。井戸を利用していた時代にはそこに水神様が祀られていました。あるいは田畑や山にもその空間を見守る神様が祀られていたりします。こうした神々は必ずしも立派な社殿に祀られるわけではなく、祠、お札などの状態で祀られたり、なかには樹木や石、水源自体が御神体とみなされ、こんもりとした**モリ（森）**＊1 が聖地とされている場合があります。家には稲荷や天神などの邸内社（屋敷神）を祀る家をみかけることがありますが、屋敷神は家や村の開発伝承と結びついて氏の神としての性格をもつものもあります。これらの祭りは家族や村人の手によって執り行われますが、神職、僧侶、修験者などの宗教者が関与することもありました。

こうした神々の多くは、明治以降の宗教政策によって整理され、破却されたり最寄りの神社に遷されたりしました＊2。近代以前は、私たちが現在目にしている神社とは異なった神々の景色、すなわち**アニミズム**の世界が広がっていたのです。

◆ 稲と祭り

日本人の主食は米であるといわれるように、日本文化にとって稲は重要な穀物で、古代より農耕の折り目には官民を問わずお祭りをしてきました。古代の官社では国家祭祀として豊作を祈願する祈年祭や収穫感謝の新嘗祭などが行われてきましたし、民間でもそれぞれの村や家庭で様々なお祭りをしてきました。

数ある稲作儀礼を実施時期と目的別に整理すると次の5つに分類できます。①稲作開始に先立って豊作を祈願する**予祝儀礼**、②種蒔きの際に豊作を祈願する**播種儀礼**、③田植えの際に豊作を祈願する**田植儀礼**、④稲の健全な生育を祈願する**生育儀礼**、⑤収穫を感謝する**収穫儀礼**、です＊3。

稲作儀礼において祀る神様は稲霊で、一般には**田の神**とも呼ばれています。神社では稲の神様として倉稲魂命が御祭神として祀られていますが、民間の村々では水口祭＊4 や花田植＊5 などの行事のたびに田の神を招くかたちをとります。そして、田の神は春になると集落近くの里山から田に降りてきて稲作の無事を見守り、秋になると山に戻られると伝承される地域があるのです。奥能登の「あえのこと」という行事では、収穫後の12月、田の神を家にお迎えし、主人があたかも目の前に田の神がおられるかのように料理を差し出したりお風呂に入ってもらったりして丁重に接待します。そして、2月になると田の神様は田に行かれます。

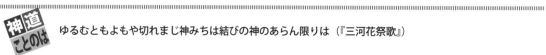

神道ことのは　ゆるむともよもや切れまじ神みちは結びの神のあらん限りは（『三河花祭歌』）

＊6　柳田國男『先祖の話』『柳田國男全集』15、筑摩書房、1998

田の神
鹿児島県の大隅半島では田の畦畔などに田の神様（タノカンサァー）が祀られている。神職や仏僧などの姿など様々なかたちがある。
〔國學院大學博物館蔵〕

民俗学者の柳田國男は、田の神と山の神の交替に家の先祖の霊である**祖霊**という概念を結びつけました。人は亡くなると祖霊として家の近くの山に留まり、田の神や山の神となって定期的に里に降りてきては子孫の繁栄を見守っており、祖霊とは氏族を守る氏神である、との学説（祖霊信仰論）＊6を提示しました。

奥能登のあえのこと（国指定重要無形民俗文化財およびユネスコ無形文化遺産）
（石川県珠洲市観光サイトより）

図1　山の神と田の神の交替のイメージ

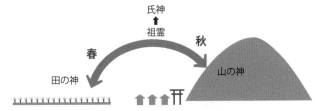

祭りのハレとケ

　みなさんは祭りと聞くとどのような姿を思い浮かべますか。お囃子の音が聞こえ、神輿や山車が登場し、露店に沿って大勢の人が行き交う賑やかな様子を思い浮かべる人も多いのではないでしょうか。一方、社殿で神職が厳粛に行う神事のすがたを思い浮かべる人もいるでしょう。祭りといっても厳粛なものと賑やかなものがあって、両方とも祭りなのです。柳田國男によれば、必ずしも信仰をともにしない見物人が集まる祭りを**祭礼**とし、都市化が進むにつれて、限られたメンバーだけで行う厳粛な祭りから他所者も加わる祭りへの変化を指摘しました＊7。つまり、神賑行事や奉祝行事と呼ばれるものが祭礼の特徴といえます。

＊7　柳田國男『日本の祭』柳田國男全集 13、筑摩書房、1998

（解説）結びの神のあるかぎり、人と神のつながりは緩むことがあっても切れることは無い。
『三河花祭歌』は愛知県北設楽郡に伝わる霜月神楽の神楽歌。

京都市の八坂神社の祇園祭のように、全国各地の祭礼では山鉾巡行や神輿渡御が行われ、多くの観光客が訪れます。町内から出される山や鉾は、その意匠のすばらしさをお互いに競い合う面（**風流**）があるので、祭礼は次第に華美になっていきました。平成28年（2016）には全国33の祭礼が「山・鉾・屋台行事」としてユネスコ無形文化遺産に登録されたこともあり、現在では各地の祭礼に多くの観光客がやって来て賑わいます。

祭りは**祭儀**と**祝祭**に分類できます。宗教学者の薗田稔は、祭儀とは日常の社会秩序を確認する場であり、祝祭とは大騒ぎをして日常の秩序を破壊することで原初に立ち戻り、再び集団が融合する場、と述べています[*8]。祭儀では地元の代表者（市長、議員、町内会長、地元経済団体の長など）が参列し、一定の所作に則って地域社会の安寧を祈願します。一方、祝祭ではとにかく大勢で楽しみ合い、心の充実と一体感の醸成を図ります。

＊8 薗田稔『祭りの現象学』弘文堂、1990

図2 祭りの構成

私たちは日々同じことの繰り返しの毎日を送っているからこそ、祭りをはじめとする様々な行事を特別な日として楽しみにしています。つまり私たちの暮らしは日常と非日常の場面から成り立っているのです。この生活のリズムを民俗学では**ハレ**と**ケ**という概念で考えています。ケとは普段の労働など

図3a ハレ・ケ・ケガレの関係図（祭儀の例）

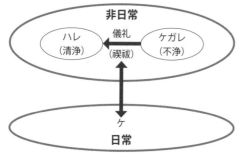

祭儀では物忌と禁忌によって清浄と不浄を分離し、秩序を整える。

図3b ハレ・ケ・ケガレの関係図（祝祭の例）

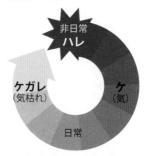

祝祭ではわざと秩序を乱して活力を復活させる。

正直慈悲を本として決断の力あるべき也。これ天照大神のあきらかなる御をしえなり。

（北畠親房『神皇正統記』）

日常のことを指し、ハレとは年中行事や冠婚葬祭など非日常、特別なことを指します。ハレには特別な食べ物や衣装を用意することが特徴です。そして、日常であるケの状態が**ケガレ**という状態になると、儀礼によって更新しようとします。研究者によってハレ・ケ・ケガレの説明には少しずつ違いが見られますが、神社に擬えるならば次のように考えればよいでしょう。6月と12月の晦日の大祓（祭儀）を例にすると、私たちは日常生活を送っているうちに罪穢れに触れてケガレた状態になっているので、禊祓いの儀礼を行って清浄なハレの状態に更新します。また、祭礼（祝祭）を例にすると、私たちは日常生活を送っているうちに次第に疲れが溜まり活力が減少し、ケガレ（気枯れ）の状態になるので、賑やかな祭り（ハレ）を行って活力を回復させます [9]。

　実際、祭礼は人びとの日常生活で溜まったストレスを発散する場として機能しています。社会の安寧と活性化にとって祭礼は大事なことなのです。発散できる場であれば、神社の祭礼でもサンバカーニバル [10] でも構わないのです。

＊9　桜井徳太郎『結衆の原点―共同体の崩壊と再生』弘文堂、1985

＊10　浅草サンバカーニバル実行委員会公式ホームページ、浅草サンバカーニバル動画（台東区ホームページ内）。昭和56年（1981）より毎年開催。それまで浅草には踊り手参加者数日本一を誇る盆踊りが行われていたが、より多くの見物人が集まる新しいイベントとして始まった。もともとお祭りが好きで、なおかつ新しいものが好きな人が暮らす、浅草という土地柄がよく表れている。

人の成長と儀礼

図4　日本人の儀礼観

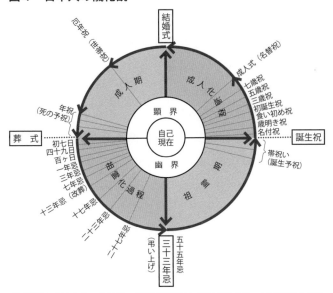

（坪井洋文「日本人の生死観」『岡正雄教授古希記念論文集　民族学から見た日本』河出書房新社、1970）

＊11　ファン＝ヘネップ『通過儀礼』弘文堂、1977

　人は生まれ、成長し、やがて死を迎えます。私たちは日々の暮らしのなかで時間の流れを意図的に区切り、その折り目に七五三や結婚式、葬式など、様々な儀礼を行って自身の社会的立場の変化を経験します。

　フランスの文化人類学者のファン＝ヘネップは、こうした人生の節目の行事や儀礼を**通過儀礼**（Les rites de passage）と名付けました [11]。通過儀礼は新しい身分や地位への移行時に行われ、以前の状態から分離するための分離儀礼・境界の狭間にいるときに行われる過渡儀礼・新しい地位を得るための統合儀礼から成ると述べています。例えば、日本の葬儀を例にとると、通夜は生の世界から離れてい

解説　正直と慈悲こそが決断が必要となった時の力となる。これが天照大神の教えである。
『神皇正統記』は、南北朝時代に北畠親房が南朝の正統性を説いた歴史書。

く分離儀礼、葬儀は生と死の境界にいる過渡儀礼、年忌法要は先祖へと収斂していく統合儀礼ということになります。

　さらに日本人の一生と儀礼との関係を図に示すと、生まれてから大人になるまでに何回かの儀礼を経て少しずつ大人の仲間入りを果たしていき、その後、人生の節目に儀礼が行われ、死後も子孫によって年忌の儀礼が執り行われていくことがわかります。弔い上げ後も祖霊となって定期的に子孫のもとを訪れ、あの世とこの世を巡り続けています。日本の儀礼はこのような円環構造の特徴をもっています。

　ここでは一例として出生に関する儀礼をみていきましょう。赤ちゃんが産まれることは今も昔もたいへん喜ばしいことです。親はもちろんのこと、家族、親戚、友人、あるいは地域の人びとも、新たな命が誕生し私たちの仲間の一員が加わることを心から祝福するでしょう。特に母親は母体と胎児の無事に気を遣い、周到に準備してもしすぎることはないといった気持ちで神仏にも祈願して、その無事を確かなものにしようとしてきました。5か月目の戌（いぬ）の日には帯祝いといって妊婦のお腹に「犬」の字を書いた腹帯を締めますが、これは犬の出産は安産といわれ、それにあやかっているのです。そして、この日の儀礼によってお腹に赤ちゃんがいるという社会的周知が図られます。

産屋
大原神社の産屋は同社が鎮座する集落の人たちが利用してきたもの。昭和23年まで使われた。大原神社の御神徳は京都・大阪方面にも知られており、いまも戌の日には遠方より参拝者が訪れ、産屋に敷く子安砂を授かり、持ち帰って枕か布団に敷いて安産を祈るという。（京都府福知山市）

　一方、かつて出産は**血の穢れ**と考えられ、妊娠中は神社参拝を控えた地域もありました。昭和40年代以前のごく一部の地域では自宅とは別に設けた産屋（うぶや）という小屋で出産したり、産後も産屋で過ごすといった風習がありました。産屋は『古事記』の黄泉比良坂の話にも出てくる古くからある風習です。不浄を嫌う氏神に代わって妊婦を見守ってくださる神様が**産神**です。産神は産屋の力綱（出産時に妊婦が掴む綱）を通して降りてきて出産の無事を見守ってくれます。出産時には氏神社から持ってきた砂を産屋の床に撒いて清浄にし産神様を迎えます。このように神道では穢れとされていることでも、民間ではそれに代わる神様がいて私たちを助けてくれるのです。そして、産後の忌が明けるとお宮参りをし、わが子を氏神様のもとに連れていき氏子入りのご挨拶をします。

　このように赤ちゃんがこの世に現れるまでには、帯祝い（分離儀礼）、出産時（過渡儀礼）、宮参り（統合儀礼）の段階を経ていることがわかります。また、その後はお七夜、百日祝い、七五三などが行われますが、「七つ前は神の

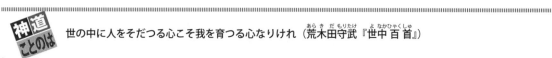

世の中に人をそだつる心こそ我を育つる心なりけれ（荒木田守武（あらきだもりたけ）『世中百首（よなかひゃくしゅ）』）

子」という伝承をもつ地域があるように、何回かの儀礼を経て、赤ちゃんは少しずつ神の世界から人間の世界へ、赤ちゃんから子どもへと移行して社会の一員になっていきます。

　これらの儀礼は人生の折々に、人びとの心情に添いながら行われてきました。おそらく人の成長を祝いたいとする気持ちは、神社や寺院が日本に登場するはるか前の時代の人びとのあいだにもあったことでしょう。のちの時代になって、神様に確実に願いを伝えたいという気持ちの高まりを受けて神仕えを専門とする宗教者が登場し、神社や寺院でその宗教上の正しい作法で儀礼が行われるようになったのです。

祭りの変容

　宗教に関わる営みには、世代を超えて受け継がれ、長い歴史を有するものが数多く見られます。祭りは、その代表例といってよいでしょう。そうした営みは「伝統」として評価され、時代を経てなお変わらずに存続してきた要素に関心が集まります。

　しかし、どんなに伝統が重んじられる儀礼であったとしても、それを担う人間や社会のあり方と、全く無関係に成立している文化はありません。祭りもまた、それを取り巻く人間や社会の変化に伴い、姿を変えてきました。

　例えば、私たちの生活に密着した「生活のなかの祭り」である通過儀礼（人間の成長過程に応じて行われる通過儀礼を、特に**人生儀礼**と呼ぶ）と年中行事は、高度経済成長（昭和30年代〜40年代後半）という日本の社会変動と、それに伴う人びとのライフスタイルの変化を契機に大きく変化したと考えられています[*12]。

　1年を周期として、毎年特定の時季に行われる**年中行事**は、今でこそ季節を彩るイベントといった認識となっていますが、もとは神霊の祭祀を含む、宗教的な意味合いの強い儀礼でした。各世帯で現在も高い割合で行われている正月と盆の儀礼は、本来的にはどちらも祖霊を家に迎え、供物を捧げてもてなす祭りだったと考えられています。正月に欠かせない餅は、祖霊と同一視される歳徳神への供物であり、神に献上した食べ物（**神饌**）を一緒にいただくことで自身の生命を活性化する**共食**は、正月の重要な行事でした。こうした宗教的な意味合いは、高度経済成長によって生じたイエ（血縁）や地域社会（地縁）という祖霊崇拝の基盤のゆらぎと共に後退し、結果的に鏡餅は

＊12　石井研士『改訂新版　日本人の一年と一生：変わりゆく日本人の心性』春秋社、2020

解説　人を育てようとする心こそが、自分を育てる心となる。
荒木田守武は室町時代の伊勢神宮内宮禰宜。『世中百首』は守武の詠んだ教訓歌集。

正月用のお飾りの一種と理解されるに至っているのです。

　先に述べたように、柳田國男は日本の祭りの変化として祭礼の発生を論じる中で、信仰を共有しない見物人の登場に着目していました。つまり、「信仰」という宗教的な目的意識の他に、「見物」という新たな価値が祭りに生じてきたことを、柳田は指摘しているわけです。時代の移り変わりとともに、宗教的な価値とは別の、新たな価値が祭りに見出されてきたとするこの指摘は、現代の社会における祭りの状況を読み解くにあたっても、示唆に富むものといえます。

◪ 観光資源としての祭り

　柳田が述べる「見物」の立場は、「観光」の立場と読み替えてもよいでしょう。観光とは、娯楽を主要な目的とする旅のことです。このように述べると、「祭りを娯楽の対象にするなんて不謹慎だ」と思う人もいるかもしれません。しかし、近世の社寺参詣の旅が物見遊山を兼ねていたことを考えれば、宗教的な価値と観光的な価値は対立するものではなく、両立しうるものとも捉えられます。地域に対して「訪れるに値する場所」という魅力を生み出す点で、祭りは現在、国内旅行はもとより、インバウンドを促す観光資源としても注目されています [13]。

　日本の祭りが訪日観光客にとっては「異文化」の意味をもつように、観光の価値を生み出す要因の一つとなるのが、非日常性です。ある地域の人びとにとってのありふれた「日常」は、地域の外部の人にとっては物珍しい、特別な「非日常」となる可能性を秘めています。特定の地域社会で機能していた祭りが、地域を越えて展開する観光現象のなかで新たな意味を獲得していく状況は、まさに地域の内と外との差異に基づく、非日常性の創出を示すといえるでしょう。このように、地域を基盤に成立してきた民俗文化が、観光やエンターテインメントといった、本来とは別の文化のなかで新たな意味や機能を得る現象を、民俗学では**フォークロリズム** [14]と呼んでいます。

◪ 文化財としての祭り

　高度経済成長期以降、日本では農村から都市への人口流出が進み、地方では過疎化の問題が生じてくるようになりました。そして、少子高齢化が進行した結果、地域によっては、今までのような社会生活を維持することが難しい状況となりました。こうした地域社会の変容を受けて、数多くの祭りが休止に追い込まれ、姿を消してきたとみられます。

　また、産業構造の変化も、祭りには少なからぬ影響を与えてきたと考えら

＊13　訪日観光における新たな観光コンテンツの拡充と支援を目的とした観光庁の「最先端観光コンテンツ インキュベーター事業」では、「お祭りの訪日外国人への開放に向けたナレッジ集」（観光庁観光資源課、2019）を公開している。

＊14　ハンス・モーザーが提唱し、ヘルマン・バウジンガーによって広められた概念。1960年代に西ドイツの民俗学界で取り上げられて以降、各国に波及し、日本では1990年代後半から2000年代前半に注目を集めるようになった。

神道は日用の間にありて、一事として神道にあらずと云事なし。（出口延佳『陽復記』）

れます。戦前には国内の産業で高い割合を占めていた第一次産業ですが、高度経済成長期の工業化と、第二次産業から第三次産業への移り変わりを経て、その割合は戦後を通じて低下し続けてきました。伝統的な祭りが農耕と深く関わってきた歴史を考えると、第一次産業に従事する者の減少と祭りの維持の問題とは、決して無関係ではないでしょう。

　戦後の社会変動は、祭りを「身近なもの」から「珍しいもの」へ、さらには、意識して継承しなければ消えてしまう「保護すべき対象」へと変えていきました。これは、祭りに対して、守るに値する「文化」という価値が成立する点で、祭りの文化財化と呼ぶことができます。

　例えば、平成30年（2018）に、男鹿のナマハゲや能登のアマメハギといった**来訪神**（毎年決まった時期に人間のもとを訪れる神）に関する計10件の儀礼が、「来訪神：仮面・仮装の神々」と総称してユネスコ（国際連合教育科学文化機関）の**無形文化遺産**に登録されたのは、記憶に新しいところです。社会の変化に伴う文化遺産の衰退や消滅を念頭に、ユネスコではそれらの国際的な保護を推進しています。有形の文化遺産を扱う世界遺産に対して、無形文化遺産は口承による伝統や表現、芸能、社会的慣習などの形のない文化遺産を対象としており、ここには「儀式及び祭礼行事」が含まれています。

　日本の文化財保護法では、大きく6種類の文化財を規定したうえで、このうちの民俗文化財において、信仰、年中行事等に関する風俗慣習、民俗芸能といった、祭りを含む無形の民俗文化を保護の対象としています。また、各地方自治体でも文化財保護条例を制定しており、令和3年（2021）5月1日現在で、都道府県や市町村によって指定・選定された無形の民俗文化財の件数は、8161件に及んでいます[*15]。

　祭りの文化財化は、観光資源化とも無関係ではありません。世界遺産への登録が集客効果をもたらすように、文化的な価値の確立は、「見るに値するもの」という価値の成立と連動しています。祭りの観光資源化と文化財化は、いずれも、特定の地域社会に埋め込まれていた民俗が、全国的・世界的な価値を獲得していく、フォークロリズムの一種と捉えることができるでしょう。

男鹿のナマハゲ
（秋田県男鹿市）〔男鹿市提供〕

なまはげのオブジェ
JR秋田駅の改札前で観光客を出迎えている。隣のパネルには、「ユネスコ無形文化遺産登録　男鹿のナマハゲ」の文字が付されている。（秋田県秋田市）

＊15　文化庁HP

コンテンツツーリズムと祭り

　観光資源としての祭りに関しては、**コンテンツツーリズム**の影響も見逃せ

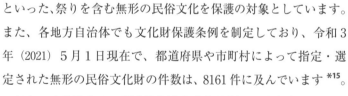

解説　神道とは日常の中にあるものであり、神道でないものはひとつもない。
　　　『陽復記』は、江戸時代前期の伊勢神宮外宮権禰宜で後期伊勢神道を大成した出口延佳の著。

ません。コンテンツツーリズムとは、マンガやアニメ、ゲーム、ドラマといったコンテンツ（娯楽性・創作性をもった情報）に媒介される観光現象のことです。コンテンツの世界観や登場人物を場所に重ね合わせて楽しむもので、①作品のモデルとなった場所、②作者にゆかりのある場所、③作品を連想させる場所などが、観光の対象となります。これらの場所が「聖地」と称され、その場所を訪れる行為が「聖地巡礼」と呼ばれている状況は、従来の宗教的な意味での聖地や巡礼をあらためて考えるきっかけとなる点で、非常に興味深い現象です。

　成立の背景が異なるため、コンテンツツーリズムの「聖地」と宗教上の聖地とは、ひとまず分けて考える必要があります。しかし、この二つを完全に切り離すことはできません。なぜなら、コンテンツツーリズムの聖地には、神社や寺院も含まれているからです。神社がコンテンツツーリズムの対象となる場合、その影響は祭りにも表れることになります。

＊16　らき☆すた神輿ウェブサイト

「ラブライブ！」の絵馬（神田神社）

神田祭（令和元年）のポスター（神田神社）

　最も有名な事例は、埼玉県久喜市で例年９月に行われている土師祭の「らき☆すた神輿」でしょう。美水かがみ作の四コマンガ『らき☆すた』には、久喜市の鷲宮神社をモデルとした神社が登場しており、平成19年（2007）にアニメが放送されると、作品のファンが鷲宮神社を訪れるようになりました。土師祭は、鷲宮神社に奉納される千貫神輿の渡御を地元の有志が復活させたもので、土師祭祭輿会によって主催されている祭りです。ファンによる「聖地巡礼」の盛り上がりを受けて、平成20年（2008）に作品のキャラクターを描いた「らき☆すた神輿」＊16の渡御が実現すると、以来、ファンと地元有志との協力によってこれが継続されてきました。

　神社の行う祭りでコンテンツツーリズムの影響が顕著なのは、神田神社の神田祭です。東京都文京区にある神田神社は、メディアミックス展開で人気を博した「ラブライブ！」シリーズの舞台として知られ、境内にはファンの手による、キャラクターを描いた絵馬が多数奉納されています。絵馬には「ラブライブ！」以外のキャラクターも見られることから、コンテンツ文化と親和性の高い、近隣の秋葉原との繋がりで当地を訪れる人も多いようです。こうし

た状況を受けて、神田神社では、コンテンツとのコラボレーションを積極的に行ってきました。

　さらに、コンテンツツーリズムには、今まで存在していなかった祭りを創出するような機能も認められます。その代表例が、石川県金沢市の湯涌温泉で実施されている湯涌ぼんぼり祭りです。この祭りは、テレビアニメ「花咲くいろは」の作中に登場する架空の祭礼「ぼんぼり祭り」[17]を再現したもので、作品の舞台である「湯乃鷺温泉」のモデルとなった湯涌温泉の観光協会主導で、平成23年（2011）10月に始められました。

　アニメ発の創作された祭りと聞くと、単にイベントを「祭り」の語で置き換えただけと思われるかもしれません。実際、日本で「祭り」と呼ばれている行事のなかには、よさこい祭りやさっぽろ雪まつりのように、神の祭祀という宗教的な意味とは切り離された、イベントとしての「祭り」が見受けられます。

　しかし、湯涌ぼんぼり祭りでは、劇中の神社のモデルとなった湯涌稲荷神社での「神迎え式」、そして、玉泉湖での「神送り式」と願いを記した「のぞみ札」の「お焚き上げの儀」を、神職を招いて執り行っています。

　既存の民俗や伝統の活用を念頭に置くフォークロリズムに対して、湯涌ぼんぼり祭りは、「民俗らしさ」や「伝統らしさ」の表現として「祭り」を活用する事例に当たります[18]。その土地を象徴する行為の一つとみなされる「祭り」は、地域のアイデンティティを対外的にアピールできる点で、観光の価値を生み出す非常に魅力的な装置だといえます。こうして創出された「祭り」は、あくまで宗教的な意味での祭りを模したイベントだと捉えられるわけですが、そのなかに新たな祭祀儀礼を発生させる萌芽の宿ることを、湯涌ぼんぼり祭りは教えてくれます。

＊17　第7回湯涌ぼんぼり祭りHP

＊18　こうした現象は「創られた伝統」や「フォークロレスク」といった概念で論じられている。

｜事後学修｜

基本的に祭りは、神と人とをつなぎ、結びつける役割を果たす儀礼だと考えることができます。しかし、地域の外からも多くの人が集まる祭りがあるように、祭りには神と人だけでなく、人間同士を結びつける働きも認められます。祭りが社会集団の中で果たす役割について考え、論じてください。

第11章 祭りの儀式と作法

Ⅳ 祭りからみる神道

茂木 貞純・星野 光樹

| 事前学修 |

近代に「祭式」が制定される以前、神社の社殿内で行われる祭りの儀式は、どのように行われていたのでしょうか。以下の文章を読んで、今日まで旧儀によって行われている三勅祭（石清水祭・賀茂祭・春日祭）などの儀式内容について調べて考えてみましょう。

　神社の祭りというと、多くの見物人のもとに、神輿を担ぎ、山車を曳く氏子の人々が行列を成して、その地域を賑やかに練り歩く様子を思い浮かべる人も多いかと思います。しかし、それらの賑やかさとは対照的な祭りが、古来神社社殿のなかで、神職を中心に儀式として行われてきています。

　本来、祭りとは「まつる」（奉る）、「まつろう」（服従する）の意味とされており、神饌を捧げ、誠意を尽くして神霊に奉仕する目的で素朴な方式で行われていたと思われますが、時代を経て、それぞれの祭りは多様な形で儀式化されていきました。なかでも朝廷の崇敬がとくに篤い神社では、勅使（天皇の使）が遣わされ、幣帛（天皇のお供え物）の奉献、宣命（天皇の言葉）を読み上げる祭りが、それぞれ固有の儀式や作法に基づき行われました。

　明治時代になり、神社で行う公的な祭祀が定められると、それら祭祀を行うために統一的な儀式の次第となる祭式が制定されることとなり、明治８年（1875）４月、官国幣社の祭式を定めた式部寮達「神社祭式」に結実します。「神社祭式」の上表文には「古を稽へ今を酌み其虚飾を去り其誠信に基き祭祀の恒式を擬撰す」と、祭りの故実を考証し、現状を斟酌しつつ、時代の経過とともに加えられていった故実を「虚飾」として取り除き、「誠信」（信仰）に基づいて制定されたことが示されています。

　近代には「神社祭式」のほか、祭りに関する諸々の制度が整えられました。いずれも公の祭りを実践するために、当時の識者によって、いにしえの故実を踏まえ、現状を照らし合わせながら、考案されたものであり、その後も数次の改訂を経て、今日に至っています。

「神社祭式」

祭祀と祭式

神楽舞（浦安の舞）

神楽舞動画

◪ 祭りの歴史

　遠い昔、私たちの先祖は清らかな場所で神々に対し祭りを奉仕してきました。祭りでは身心を清め、ご馳走を供えて歓待し、麗しく美しい言葉で感謝や祈りを捧げ、恭しく拝み、また、神霊を和（なご）めるために神楽舞（かぐらまい）などを奉納してきました。

　こうした祭りの流れは、お客様を迎えることによく似ています。貴い人を家にお招きするときの作法を確認してみましょう。掃除の行き届いた清々しい客間の床の間に掛け軸を飾り、花を生けます。お客様には床柱（とこばしら）を背にして座っていただき、客間の入り口に近い下座からご挨拶をし、お茶や御馳走などを差し上げます。挨拶では両手を畳につけ、深々と頭をさげます。

　住宅の構造ともてなしの順序作法には、密接な関係があります。そこで神社のことを考えてみます。古い時代の代表格として、伊勢神宮、奈良の春日大社、京都の賀茂神社を例にとります。伊勢神宮の社殿は、**唯一神明造**（ゆいいつしんめいづくり）といい、春日大社は**春日造**（かすがづくり）、賀茂神社は**流造**（ながれづくり）といいます。それぞれ、成立の年代が違い、構造や大きさが違います。すると当然ながら固有の祭りの慣わしが生じます。神社では、創立の原点や伝統を大切にしますので、それが永く踏襲されることになります。

　明治維新後、社格制度が復活整備され、官国幣社の**祈年祭**（きねんさい）、**新嘗祭**（にいなめさい）、**例祭**には地方公共団体から使が遣わされて、**神饌幣帛料**（しんせんへいはくりょう）*1 が奉られるようになります。また、宮中で行われる重要な国家祭祀については、神宮・神社でも新たに祭祀が行われることになりました。これら公的な祭祀を丁重に行うため、式次第や神饌品目、祝詞の内容といった施行細則である**祭式**が全国一律に定められていくことになります。

　明治8年（1875）4月、個々の祭式の法令を統合したかたちで「**神社祭式**」が制定されました。これは祈年祭、新嘗祭、例祭をはじめ、官国幣社（当時97社）で行われる恒例・臨時の祭祀・神事の祭式について規定したものです。「神社祭式」は刊本として官国幣社に頒布され、巻末には祭場や祭りに用いる祭器具などの図が掲載されています。同年12月には府県社以下の祭式についても、「神社祭式」に準じて制定されました。

　「神社祭式」が制定されてからも、つぎつぎと神社祭祀に関わる法制度が整備されていきます。

*1　神饌は神に供える飲食の総称。幣帛は神に奉献するもので、天皇から奉献される布帛をいう。国家から現物の神饌や幣帛に代えて奉納される金円。

「神社祭式」画像資料
（国立公文書館デジタルコレクションより掲載）

神饌
神饌を盛った三方は神前の前に据えられた机（案）のうえに奉献されます。

明治27年には神職が神社の祭りや皇族の参拝の際などに着用する装束について「神官神職服制」（勅令）が制定されています。

明治40年（1907）になると「神社祭式行事作法」が制定されます。神社の祭りは、神饌を供えることや祝詞を奏上することなど、**行事**とよばれる儀式によって構成されます。「神社祭式行事作法」では、それぞれの行事を行うための祭祀奉仕者の役割と、それぞれの役割を行ううえで前提となる**作法**、祭場における原則について定めています。

大正3年（1914）には祭祀関連法令の改正がなされます。まず「官国幣社以下神社祭祀令」（勅令）が制定され、神社の公的な祭りは**大祭・中祭・小祭**に再編されます。大祭は祈年祭、新嘗祭、例祭など、中祭は歳旦祭、紀元節祭、天長祭など、小祭はそれら以外の祭祀です。不文の伝統を条文化したのです。この大祭・中祭・小祭の区分に基づき、「官国幣社以下神社祭式」が制定され、大祭式・中祭式・小祭式の内容が示されました。

戦後、神社を軍国主義の温床と見なしたGHQによって、いわゆる「神道指令」が出されます。神社は国家から完全に分離され、祭祀に関する法令もすべて廃止となりました。そこで昭和21年（1946）2月に神社本庁が設立され、祭祀関係の規定を暫定的に整備して伝統の保持につとめましたが、祭祀や祭式、祝詞に至るまで改変を余儀なくされました。日本が独立して回復して以降、政教分離の憲法のもとではありますが、伝統をなるべく回復改正して、現在に至っています。

なお、神社では神社祭祀のほか、初宮詣、七五三詣、結婚式、厄除祭などの人生儀礼や節分祭、七夕祭などの年中行事を行います。また、神社の外では神職が地鎮祭、上棟祭、竣工祭などの建築儀礼やお田植祭、抜穂祭などの農耕儀礼を奉仕します。これらは**諸祭**といい、氏子・崇敬者の求めに応じて行われる祭りです。これら諸祭の式次第は、概ね小祭式に準じて行われます。

◆ 祭りの構成

ここで現在の祭りの式次第がどのような構成となっているか、「神社祭式」に定める大祭式「例祭」を例にとり確認してみましょう。

まず、祭りに奉仕するものは、大祭・中祭は、祭りの当日と前日、小祭はその当日のみ**斎戒** *2 をします。

神職は装束を着用し、斎館を出て**手水**を行います。手水は水で手を洗い、口を漱いで心身を清めることです。各人が手水を済ませると祭祀奉仕者は列をなして**祭場**となる社殿に参進し、祭りに奉仕します。

＊2　祭りに際して潔斎をして身を清め、不浄に触れないようにすることで、この期間は斎館などの清浄な場所で飲食を慎み、言語、動作、思念に至るまで正しくして過ごす。

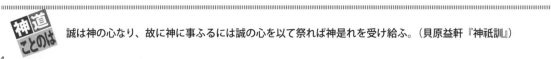

神道ことのは　誠は神の心なり、故に神に事ふるには誠の心を以て祭れば神是れを受け給ふ。（貝原益軒『神祇訓』）

手水

例祭（大祭式）の式次第は以下のとおりです。

①修祓（途中の祓所にて、関係者のお祓いを行い、清めます）

②宮司一拝（奉仕・参列者全員が、社殿所定の場所に著き、神前に祭典開始の挨拶をします）

③宮司御扉を開く（神饌や本庁幣を本殿内に奉献するため御扉を開きます）

④権宮司もしくは禰宜以下祭員神饌を供す（神々のお食事をお供えします）

⑤宮司祝詞を奏す（宮司が、祭りの趣旨、祈願感謝の言葉を奏上します）

⑥権宮司もしくは禰宜本庁幣を献ず（神社本庁からの幣帛料をお供えします）

⑦献幣使祭詞を奏す（神社本庁からの献幣使が、神徳を讃えて祭詞を奏上します）

⑧楽を奏す（神慮をお慰めして、神楽などを奏します）

⑨宮司玉串を奉り拝礼（宮司以下神職が、拝礼します）

⑩献幣使玉串を奉り拝礼（献幣使が拝礼します）

⑪総代玉串を奉り拝礼（総代・氏子崇敬者が拝礼します）

⑫権宮司もしくは禰宜本庁幣を撤す（本庁幣をお下げします）

⑬権宮司もしくは禰宜以下神饌を撤す（お食事をお下げします）

⑭宮司御扉を閉じる（神殿の御扉を閉じます）

⑮宮司一拝（祭典終了の挨拶をします）

⑯直会（神前から退下、神々にお供えした神饌の一部を頂戴し、恩頼 *3 をいただきます）

＊3　皇神や天皇の霊威による恩恵をつねにこうむっているという古来の信仰を表現した語。

　例祭には神輿が出る場合がありますので、その祭式も別に示されています。祈年祭、新嘗祭の大祭式には献幣使が参向しないため、関連する行事（⑥・⑦・⑩・⑫）は行われません。臨時に行われる大祭式のうち、鎮座祭や式年祭、遷座祭においても本庁幣が捧げられます。中祭式では、祈年祭・新嘗祭に準じます。小祭式では神饌が本殿の御扉の手前に奉献されるため、御扉の開閉（③・⑭）は行われません。

　神社の祭りでは、小祭式にあるとおり、修祓、宮司一拝、神饌の献撤、祝詞の奏上、玉串拝礼、直会の行事が共通して行われることがわかります。

OLUMN

特殊神事

　神社には千年以上の由緒歴史をもつものが多く存在します。そこでは古来さまざまな祭りが行われてきました。これを特殊神事といい、明治以降の「神社祭式」とは違った祭式次第で行われて、今も伝統が守られています。出雲大社の古伝新嘗祭、京都の下鴨神社・上賀茂神社の葵祭、長野県諏訪大社の御柱祭、東京都大国魂神社の暗闇祭など、さまざまな神事があります。

　また明治時代に「神社祭式」が制定されて以降、食べ物をそのまま供える生饌（丸物神饌）が一般的になりましたが、それ以前の祭りでは、米や芋などは火を通し、生でいただくものは切り身にしたり干物にしたりするなど、素材に調理を施した熟饌（調理神饌）を供えていました。これを特殊神饌と呼びます。日本人の生活史が垣間見える貴重なものです。

解説　誠は神の心である。誠の心を持って神祭りを行えば、祈りは神に通じ、受け入れてくださるだろう。
『神祇訓』は江戸時代前期の儒学者である貝原益軒が書いた教訓書。

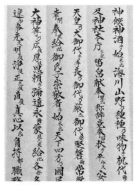

祝詞の表記
祝詞の文章はすべて漢字を用い、名詞・代名詞や動詞・形容詞の語幹などを大きく、助詞・助動詞や動詞の活用語尾などは一字一音の万葉仮名で右に寄せて小さく記す「宣命書き」で表記する。

このうち、神饌の内容については、「神社祭式」に和稲（玄米）、荒稲（籾つきの米）、酒、餅、海魚、川魚、野鳥、水鳥、海菜、野菜、菓、塩、水などと規定しています。これら神饌は三方に載せ、神前の案（机）上に奉献されます。

また、祝詞の文章は、その神社の由緒や祭りの状況に応じて作成することになっていますが、祈りの内容は古今変わるところはありません。そのことを端的に示されている部分を原文で示してみましょう。

> 天皇の大御代を手長の御代の巌御代と堅磐に常磐に斎い奉り幸え奉り給い

この点がおおかたの祭りに共通する祈願内容です。現代語訳しますと、「天皇の御代を、長久で、威儀正しい御代であるように、堅い巌の如く永久不変でありますように、豊かに栄えるようお守りください」となります。天皇とは今上陛下のことで、天皇の御代とは天皇に象徴される日本国を同時に意味します。日本と日本国民統合の象徴である天皇の御世の長久は、この国の長久を意味します。神社祭祀では、この国の繁栄と五穀豊穣、地域の氏子崇敬者に至るまでの幸福が祈られます。

祭りの作法

◆ 作法の原則

日常作法の基本は、立ち居振る舞いにすべてが現れる、といってもよいでしょう。身の振り回し方に、礼節の基本があるのです。これをどのように行うのか。どのようにしたら、相手を重んじたり、敬う心を形に表したりすることができるのか。先人は常に考えてきたのです。その積み重ねが作法といってよいでしょう。江戸時代の著名な有職故実家である伊勢貞丈は「礼節と云う事、尊き人をばつつしみうやまい、いやしき人をばあなどらず、同じ位の人をば先立てて、我はへりくだるを礼と云う也。うやまうまじき人をうやまうはへつらい也。いやしむまじき人をいやしむるはおごり也。へつらいもなく、おごりもなく、その身の位相応にして、過たる事もなく、及ばざる事もなく、よき程なるを節と云う也」（『貞丈雑記』）と述べています。

神職の作法は、神々に祭場の敬意を払うために、起居進退、つまり、起つ、坐る、進む、退くなど、つねに上位と下位を意識して行われます。そこで祭場では、それぞれの位置の前後左右の上下関係を表す祭場の位次が定められています（左図参照）。

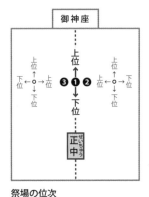

祭場の位次

祭場では、御神座が最も貴いところですから、神前に近いところが上位で、遠いところが下位になります。次に御神座の中心から正面前方に向かって直角に延びた線を**正中**（せいちゅう）といいますが、正中を上位とし、左（向かって右）を次とし、右をその次とします。祭場の縦軸では、神前を上位、遠いところを下位とし、横軸では、正中、次が左、その次が右となります。

起居進退の作法の原則は以下のようになります。

> 進むには、下位から。退くには、上位から。（進下退上）
> 起（た）つには、下位から。坐るには、上位から。（起下坐上）

これは最初の一歩をどちらから始めるかを定めた基本原則です。上位を尊ぶことから、最初に動かす足によって、背を少しでも上位に向けないようにするためです。

ただし、正中では、次のような原則になります。

> 進むには、左から。退くには、右から。（進左退右）
> 起つには、右から。坐るには、左から。（起右坐左）

正中に神前に向かって立った場合、作法を行う者の右が上位で、左が下位になります。

◪ 基本作法の種類

神職になるうえで習得しなければならない基本作法を次頁に列記します。

作法は、①基本的となる姿勢、②立つ・座る・進む・退くなどの立ち居振る舞い（起居進退）、③お辞儀（敬礼作法）、④笏や扇の扱い方（笏法・扇法）、⑤祭具を扱うための作法に大きく分類されます。

神職が行う祭典では、社殿の外で行う場合と社殿のなかで行う場合とがあるため、立礼（りゅうれい）と坐礼（ざれい）の区別があります。また、男子であれば笏を、女子であれば扇（おうぎ）を持って作法を行います（笏法（しゃくほう）・扇法（せんぽう））。

祭典を奉仕する神職が笏、扇を持ってお辞儀をする作法を敬礼作法といいます。男子であれば正笏、女子であれば正扇となってから腰を折って行うもので、時所位に応じて種々の作法が定められています。

坐礼の持笏・持扇・正笏・正扇

持笏

持扇

正笏

正扇

解説　人々が祭礼や祈祷を行う時、身を清め心からの礼をつくすならば、神は聞き届けてくださる。
『神風記』は江戸時代前期、吉田家の学頭であった匹田正以が、吉田神道の立場で神道を説明した書。

祭器具は扱うものにより持つ高さが異なり、捧げものは目の高さ、受け渡しがなされるものは胸の高さ、床に敷設するものは腰の高さとなります。

基本作法の一覧

1. 姿勢	①正坐（上体を正しくして坐る） ②直立（体を正しくして立つ） ③跪居（爪先を立て、両膝を床につけ、踵の上に体を置く） ④蹲踞（両足を平行に少し開き、膝を折って蹲る） ⑤叉手（左手を上に両手を交叉し、下腹の正面に置く） ⑥祗候（斜めに神前に向かい正笏して候す）
2. 起居及び進退	①起座（座を立つ作法で、進む起座と退く起座とがある） ②著座（座に著く作法で、進む著座と退く著座、座前著座と座後著座とがある） ③起床（胡床（椅子）から立つ作法） ④著床（胡床に著く作法） ⑤著列（列に著く作法で、列前著列と列後著列とがある） ⑥歩行（前方に進む進行と後方に退く逆行とがある） ⑦屈行（神前を横切るとき腰を浅く折り歩行する作法） ⑧膝行（膝進と膝退とがあり、跪居の姿勢で行う進退の作法） ⑨曲折（90度方向を変えること。進行逆行の左右折と膝進膝退の左右折とがある） ⑩回転（180度方向を変えること。進行逆行の左右回転と膝進膝退の左右回転とがある） ⑪階の昇降（階段の昇降の作法） ⑫前行・前導・供奉（神祇、神職を導く作法と神祇のお供する作法）
3. 敬礼及び警蹕	①拝（最も敬意を表す敬礼作法。居拝・立拝・起拝がある） ②揖（小揖・深揖がある） ③平伏（坐礼の敬礼作法で、祝詞奏上や警蹕の間に60度ほど伏せる深い平伏と、祓を受ける場合などに45度ほど伏せる浅い平伏とがある） ④磬折（立礼の敬礼作法で、平伏と同じ目的により深い磬折・浅い磬折がある） ⑤拍手（手を打ち合わせる作法。二拍手が基本である）
4. 笏法及び扇法	①持笏・持扇（笏・扇の正しい持ち方） ②懐笏・懐扇（笏・扇の懐中の仕方） ③置笏・置扇（笏・扇の置き方） ④把笏・把扇（懐中もしくは置笏置扇した場合から持笏・持扇になる作法） ⑤正笏・正扇（笏・扇を腹部の正面に正しく持つ作法）
5. 執方・持方・扱方	①御匙・御鑰・御錠　②祝詞 ③大麻・塩湯・玉串 ④三方・折敷・高坏・大角 ⑤案　⑥薦・軾　⑦威儀物 ⑧蓋・翳・行障・絹垣　⑨松明

上から御鑰、御匙、雄錠、雌錠

祭器具の持ち方

三方の持ち方
神饌を載せる三方や本庁幣を載せる大角、御錠などは目の高さ（目通り）に持ちます。

大麻の持ち方
大麻や祝詞、玉串などは胸の高さ（胸高）に持ちます。

軾の持ち方
軾や薦などの敷物は、腰の高さ（腰高）に持ちます。

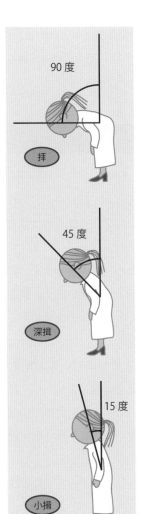

90度

拝

45度

深揖

15度

小揖

◆ 敬礼作法

　『魏志倭人伝』に、3世紀頃の倭人の風俗が描写されています。葬儀のとき喪主は声を上げて涙を流し、関わりある人が寄り歌舞飲食するといいます。葬儀が終わると、家中の者がこぞって水浴びをしています。きよめの禊をしているのです。古い風習が現代にも繋がることを感じます。また、長老に出会うと手を打って跪拝する、とあり、跪いて拍手をして拝をしたものと思われます。現在も拝礼には拍手をします。これも相当に古くからの作法とわかるでしょう。

　ここでは主要な敬礼作法について学んでいきましょう。ここでは**拝**と**揖**について説明します。拝むということは、折れかがむ、すなわち身体を折りかがめて礼をすること、と言われます。より深く折れかがむことで、敬意が深くなります（下表参照）。

敬礼作法	屈腰角度	時間	坐礼〔普通礼〕	立礼〔普通礼〕
拝	90度	およそ3秒	居拝〔合手礼〕	立拝〔最敬礼〕
深揖	45度	およそ2秒	坐揖〔双手礼〕	立揖〔敬礼〕
小揖	15度	およそ1秒	坐揖〔指尖礼〕	立揖〔会釈〕

　拝は、神さまに対して行う最も重き敬礼作法で、90度腰を折り、時間はおよそ3秒間伏しています。坐礼の拝を居拝といい、立礼の拝を立拝といいます。拝には、一拝・二拝（再拝）・四拝（四度拝）・八拝（八度拝）などがあります。

解説　真摯に祈るならば、その言葉がつたないものでも神は受けてくださるだろう。

揖は、さまざまな場合、場所で行います。深揖と小揖とがあり、坐揖と立揖とに分けられます。角度と時間は、表の通りです。深揖は、殿内への出入や神饌や幣帛を献撤するとき、上位のものが神前近くに行ったとき行い、他はおおむね小揖となります。揖は座を起つとき、著いたとき、階段を昇るとき、降りたとき、物を受けるとき、授けたときなどに行う作法で、日常作法の中で会釈やお辞儀に当たります。

次に拍手があります。拍手も敬礼作法なのです。人を讃えるとき、歓喜を表す場合に思わず手を打ち合わせます。これが神に敬意を表すときの作法として成立したのです。両手を胸の高さに合わせて、右手を少し引き、肩幅ほど左右に開いて打ち合わせます。二拍手が基本です。四拍手、八拍手などもあります。物を頂くときに一拍手しますが、これを礼手といいます。また、葬儀のときは、音をたてずに偲びやかに拍手します。これを忍手といいます。神社の祭式では、祝詞奏上や拝礼の行事のなかで、再拝二拍手一拝（二拝二拍手一拝）を行うことを定めています。

宮司以下祭員の拝礼

作法の動画
（拝・深揖・小揖）

行事の内容と作法

「神社祭式行事作法」では、「神社祭式」で行われる行事について、①手水、②修祓、③宮司一拝、④神饌献撤、⑤本庁幣献撤、⑥祝詞・祭詞奏上、⑦拝礼、⑧直会としています。これらの行事を行うために、祭祀奉仕者には役割が決められています。

斎主は祭員を統率する長のことで、神社祭祀は神社の宮司が務めます。御扉開閉や宮司一拝、祝詞奏上、拝礼において中心的な役割を担います。副斎主は斎主を補佐する役割で、権宮司もしくは禰宜といった宮司の次席にある者が務めます。修祓の祓主や神饌献撤の陪膳などを務めます。

このほか、斎主・副斎主以外で行事の際に独立した役割を担う者を所役、斎主が作法を行う際に必要な祭器具を運搬して斎主と受け渡しをしたり、神前に敷物などを舗設・撤却したりする者を後取といいます。神饌献撤では副斎主以下の祭員が奉仕し、神前では陪膳のほか、神饌所で神饌を繰り出す膳部、神饌を取り次ぐ手長を担当します。

ここで、祭祀奉仕者の役割と作法に注目しながら、行事がどのように実践されるのか確認していきましょう。

神道ことのは　慎みの一字こそ眼なれ。神に仕には慎みにかぎる事なり。（出口延佳『陽復記』）

修祓

作法の動画
（修祓・大麻の作法）

◆ 修祓

　修祓は、祭典に奉仕する神職や参列者が、祭場に向かう途中に設けられた祓所において祓を行う行事で、伊邪那岐命が黄泉国から戻ったとき、穢れた心身を清められた故事に由来します。祓主は祓戸の神々に対して祓詞という祝詞を申し上げ、祓戸大神たちの神徳によって、諸々の禍事（災禍）や罪穢れが祓い清められることを祈願します。祓詞の奏上の間は、祭祀奉仕者は深い磬折（60度ほど腰を折る作法）となります。祓詞が読み終わると、大麻所役が大麻を、塩湯所役が塩湯を用いて、本庁幣や祭祀奉仕者を祓います。

　大麻は榊の枝に紙垂と麻を取り付けたもので、これを左・右・左と振ります。塩湯は塩をお湯で溶いたものを器に入れたもので、榊の小枝をこれにひたして、左・右・左と振りそそぐ所作をします。

塩湯（左）と大麻（右）

> **大麻所役が大麻で祓う作法**
> 　祓主による祓詞の奏上が終わると、大麻所役は案の前まで進み、大麻を執り、祭員を祓いに向かいます。
> 　大麻所役は祓う対象の前で止立し、大麻を持ったまま小揖をします。大麻を縦に持ち換え、左、右、左と振り、再び左高に大麻を持ち、小揖をします。祓われる側の祭員は、浅い磬折（腰を45度ほど折る）をします。

御扉を開く

作法の動画
（開扉・警蹕の作法）

◆ 御扉開閉

　御扉を開ける行事（開扉）と閉じる行事（閉扉）です。大祭式、中祭式では本殿内に神饌や本庁幣を奉献するために宮司が本殿の御扉の開閉を務めます。開扉では宮司が御鑰と御匙を御鑰後取から受け取り、本殿前の階段をあがり御鑰と御匙を用いて御扉の解錠をします。この後、宮司は向かって右の雄扉、つぎに左の雌扉を開きます（この間、警蹕）。

　開扉の奉仕が終わると、宮司は一拝をします。

> **警蹕所役の作法（開扉）**
> 　宮司が御扉を開けている間、警蹕所役は浅い平伏となり、「オー」という声を発声して、参列者に注意を促します。雄扉、雌扉と開く間に、三声警蹕がかかります。諸員は深い平伏をします。御扉を閉める（閉扉）においても、同様の作法を行います。

解説　慎みの一字を大事にしなさい。神に仕えるには慎みの心をもつことが何より重要である。
『陽復記』は、江戸時代前期の伊勢神宮外宮権禰宜で後期伊勢神道を大成した出口延佳の著。

陪膳と手長

◆ 神饌献撤

　神饌を供える行事（献饌）と下げる行事（撤饌）です。献饌では膳部が神饌所から神饌を繰り出し、複数の手長が手渡しによって陪膳に伝えていきます。これを伝供といいます。神前では手長から神饌を受け取った陪膳が神饌を案の上に奉献します。神饌は①和稲、②荒稲、③酒、④餅、⑤海魚、⑥川魚、⑦野鳥、⑧水鳥、⑨海菜、⑩野菜、⑪菓、⑫塩・水の順でお供えし、撤する際はその逆となります。

　これらの神饌を神饌案に並べる際は、神饌の台数が奇数の場合であれば、正中、つぎに向かって右、向かって左という順で、偶数の場合は向かって右、向かって左という順番となります。一つの神饌案に供えきれない場合、奥（神座に近い方）と手前とで二つ案をならべ、奥の案、手前の案の順で奉献します。

　たとえば、上記の神饌をお供えする場合、以下のようになります。

　なお、和稲（玄米）・荒稲（籾付きの米）、海魚・川魚、野鳥・水鳥など、調達が困難な神饌は、代替のものをお供えする場合があります。一例を示すと以下のような並べ方になります。

三方の受け渡し（献饌の場合）
　上位の手長が神饌に対して小揖をし、下位の手長は一歩膝進して三方を上位の手長に渡し、一歩膝退して小揖をします。なお、受け渡しが続く場合、つぎの場所に向かうため、上位の手長は膝進の左回転、下位の手長は膝退の右回転をしてそれぞれ後方に向きを変え起ち、つぎの授受の場所へと向かいます。

作法の動画
（三方の受け渡し）

古 を稽へて今を照らす。（『古事記』序文）

祝詞奏上

作法の動画
（軾の舗設・祝詞の受け渡しの
作法）

◆ 祝詞奏上

　宮司が奏上するものを祝詞、献幣使が奏上する祝詞を祭詞といいます。宮司は祝詞を祝詞後取から受け取り、神前で祝詞を奏上します。奏上の間、奉仕者・参列者は一同、深い平伏をします。なお、坐礼の場合、奏上の場所に敷物である軾（ひざつき）が用いられ、軾後取がその舗設、撤却の役割を担います。献幣使の祭詞奏上の際には随員が祭詞の受け渡しを務めます。こののち、総代により祈願詞が奏上されます。

> **軾の舗設**
> 　軾後取はご神前まで進み跪居となり、一歩膝進して軾（畳目）を縦にして置きます。右手を上、左手を下にして軾を右方に開き、つぎに手を取り換えて左手を上、右手を下にして左方に開きます。叉手（さしゅ）（両手を交叉すること）となり、一歩膝退して把笏・把扇（笏や扇を懐中から取り出すこと）となり小揖をします。

> **祝詞の受け渡し（祝詞後取から宮司へ）**
> 　祝詞後取は祝詞を持ち換え、一歩膝進して宮司に祝詞をすすめます。宮司は左手で笏をとり、右手で祝詞を受け取り、笏に持ち添えて持笏となります。祝詞後取は一歩膝退し、把笏・把扇となり小揖をします。

拝礼

◆ 拝礼

　宮司が玉串を神前で奉奠（ほうてん）したのち、祭員が宮司に合わせて拝礼（再拝二拍手一拝）を行います。

　玉串は榊の枝に麻と紙垂をつけたものであり、神霊の来臨を仰ぐために捧げられていましたが、近代に神社祭式が制定されると宮司や使（幣帛供進使）により神前の案の上にお供え物としてたてまつられるようになりました。

　宮司が玉串を奉奠する場所には、玉串を奉奠するための案、案を置くための薦、宮司が玉串を奉奠し、拝礼をするための軾が後取によって舗設されます。玉串後取により玉串が宮司に渡され、宮司はご神前に進み、玉串を奉奠したのち、副斎主以下の祭員とともに再拝二拍手一拝をします。続いて献幣使と同随員による拝礼が行われます。こののち、総代による玉串が奉奠され、拝礼がなされる場合もあります。

（解説）　昔のことを参考にして、現在のあり方に活かす。

作法の動画
（拝礼）

作法の動画
（玉串奉奠の作法）

> **玉串を奉り拝礼**
>
> 　宮司は玉串後取から玉串を受け取り、ご神前に進みます。ご神前に至り小揖、跪居となり、正中作法で左足から三歩膝進し、軒の中央に著座、深揖。玉串を案のうえに奉奠し、再拝二拍手一拝をします。こののち、深揖をし三歩、右足から膝退し、退く起座の作法で軒の外に起ち、小揖をします。正中を避けるように斜めに三歩逆行し、所定の場所に復します。

◆ 玉串奉奠の作法

　諸祭や正式参拝で行う作法も宮司の作法と同様です。実践してみましょう。

> ①玉串は右手で下部を上から、左手で中程を裏よりとり、胸の高さ左高に持ちます。
> ②葉の表面が手前に向くようにして玉串を立てます。
> ③左手を下げて玉串の本を持ち、祈念をこめます。
> ④右手を離し、葉先を右に回しながら、右手にて玉串の中程を裏から取ります。
> ⑤左手を右手に添えて、玉串の本を神前に向け、玉串案の上に奉ります。

　再拝二拍手一拝の作法は、直立の姿勢から90度腰を折ります。掌が膝小僧の上に届くくらいです。およそ3秒伏しています。これを二度繰り返し、直立に戻ります。次に胸前に両手を合わせ、右手を少し引いて、二拍手をし、両手を合わせ、祈念をこめます。さらに、一拝します。

　次に深揖して右足より三歩逆行し、足を揃えて止立、小揖して神前からはなれ、所定の場所に戻ります。

　以上が玉串拝礼の作法です。坐礼の場合もありますが、その場合は坐礼の普通礼で行えばよいので、応用してやってみましょう。

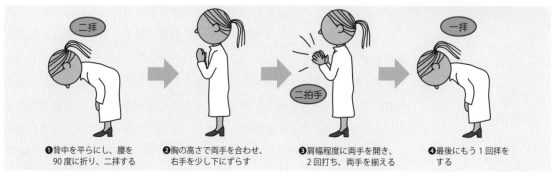

二拝　→　→　二拍手　→　一拝

❶背中を平らにし、腰を90度に折り、二拝する　❷胸の高さで両手を合わせ、右手を少し下にずらす　❸肩幅程度に両手を開き、2回打ち、両手を揃える　❹最後にもう1回拝をする

｜事後学修｜

> お田植祭や神前結婚式、地鎮祭など、神社の神職が行う諸祭には、神社祭式には見られない行事もあります。調べてみましょう。

神社に行って、本章で学んだ作法（二拝二拍手一拝）でお参りをしてみましょう。

神木
神の依り代や神社の象徴として神聖視される古木。

本殿
神をまつる建物。神社でもっとも神聖な場所で、拝殿の奥に建てられるが、山や岩そのものを御神体として本殿を造らない古社もある。建築様式については160〜161頁を参照。

拝殿
祭祀が行われ、人々が参拝を行う場所。一般的には拝殿の奥に神々をまつる本殿がある。

末社

摂社

摂社・末社
本社に属する小規模の社。祭神や鎮座地に由緒の深い神をまつる。摂社の方が末社よりも格が高いとされる。

狛犬
参道や社殿に置かれる一対の像。詳しくは164〜165頁を参照。

三の鳥居

燈籠

玉垣
神域と俗界を区別するためにめぐらせた垣。

社務所
神社のさまざまな社務を行う場所。御札や御守の授与所や、神職らが斎戒を行う斎館を兼ねる場合も多い。

二の鳥居

垣

小川

手水舎
神前に出るにあたり、手や口を水で灌いで心身を清めるための施設。

参道
神前に参るための道。神に背を向けて歩くことがないよう、わざと曲げて作る場合もある。

一の鳥居

鳥居
神域と俗界を示す表象。参道の入口に設けられたものを一の鳥居とし、本殿に近づく段階ごとに鳥居が設けられる場合が多い。鳥居については162〜163頁を参照。

参道、手水舎：明治神宮／三の鳥居、狛犬、社務所：渋谷氷川神社／拝殿、摂社、神木：渋谷金王神社

小林 宣彦・鈴木 聡子

|事前学修|

以下の文章は令和元年に行われた御代替りの一連の儀式の中で身に著ける装束の著装技術など、装束に関する知識伝統を継承する人々について報道した新聞記事です。衣紋道を長きにわたり継承してきた人々の存在によって、儀式が成りたっていることを知ることができます。

どの祭りにおいても祭りを行うためには、「知識とそれに関わる備え」（有職）が必要となります。皆さんはこの文章を読んで有職の意味についてどのように考えますか。

　天皇陛下の代替わり行事の締めくくりとも言える「大嘗祭」の中核行事「大嘗宮の儀」が14〜15日に迫った。天皇、皇后両陛下や皇族方がまとう装束の着付けを担当するのが、旧華族の男性当主らでつくる一般社団法人「霞会館」（東京都千代田区）の衣紋道（えもんどう）研究会だ。当日に向け、準備や稽古を進めている。

　10月22日、皇居・宮殿で行われた「即位礼正殿の儀」。陛下は天皇のみが身につける「黄櫨染御袍」（こうろぜんのごぼう）という束帯（そくたい）姿。皇后さまは唐衣（からぎぬ）・五衣（いつつぎぬ）・裳（も）を着た「十二単」（ひとえ）姿。皇族方も束帯と十二単というみやびな装いで、「平安絵巻」さながらの光景が広がった。

　衣紋道研究会はこの儀式を始め、代替わりの重要な儀式で皇室の方々の着装を担当してきた。装束を美しく着けるための技術や知識の体系「衣紋道」を守り伝えるため、1975年に発足。平成の代替わり行事でも、宮内庁から委嘱を受けて着装を担った。現在は霞会館メンバーの家族ら20〜70代の男女約140人が研究会に所属。「衣紋道」の二大流派・山科流の二十九世宗家の山科言和さん（ときかず）（61）と高倉流の二十六世宗家の高倉永佳さん（57）が指導し、日夜稽古を続けてきた。（略）儀式にかかわる宮内庁職員の装束は訓練を受けた同庁職員らが担当するが、皇室の方々については従来、家元を中心とする霞会館が引き受けてきた。（略）

　大嘗宮の儀では、天皇陛下は主に、最も清浄で神聖とされる純白の御祭服（ごさいふく）と呼ばれる装束をまとう。皇后さまは純白の唐衣、五衣、裳を身につける。高倉さんは「技術と知識だけではなく、ご対象の年齢や体形を考えつつ、意識を集中して臨むことが大切。衣紋道の本来の姿を後世に残していくという使命も忘れないようにしたい」と話す。

（朝日新聞デジタル、2019年11月9日）

神社と有職

　有職とは「故実の知識を持つ人」もしくは「故実の知識」それ自体を指す言葉で、もともとは有識と書きました。有識は「ゆうしょく」と読むこともあったことから、有職と表記するようになりました。**故実**とは「祭祀や儀礼を行う際に必要となる先例や古事」です。

　有職は平安時代の公家社会で必要とされました。平安時代に政治や制度が大きく変質し、それまでの法典では対応できない部分が出てきました。また、新たな祭祀や儀礼も行われるようになり、これらに対応する新たな故実が必要となりました。こうした故実が積み重ねられていき、平安時代の公事（政務や儀式の総称）のマニュアルとも言える有職が成立したのです。有職を明文化するために、故実に精通した識者たちによって、新たな儀式書がいくつも成立しました。また、各家では、故実を書き留めるため日記が書かれ、子孫に伝えられました。

　有職は、まず公家社会で必要された知識でしたが、武家の台頭により、武家社会でも故実が必要とされました。「有職」は公家の故実、「故実」は武家の故実として、言葉を使い分けることがあります。近世まで、有職故実の学問とは、公家や武家の生活に息づいた実学であり、伝統を継承する公家や武家のためのものでした。

　神社の有職とは、神社の祭儀・神事を含めた、神社建築、神饌、幣帛、調度、装飾、服装、衣紋、祭式作法すべてを指します。公家や武家社会の有職故実の多くは、朝廷や幕府の終焉にともなって必要性が求められなくなり、その研究も実学としての意味を失いました。しかし、神社有職は神社の祭礼などで必要とされるものであるため、いまだ実学的な意味があるのです。

神社の装束

　まずは、神社の**装束**について説明していきましょう。装束には、「儀式が行われる場の設営・装飾・調度の配置」という意味もありますが、ここでは「人びとが着用した歴史的な儀服（儀式用の服装）」について説明します。

　神社では、祭儀によって、神主が着る装束が異なります。例えば、例祭という神社の恒例祭祀は、大祭・中祭・小祭と区別されますが、それぞれ着用する装束が決められています。男性神職の場合、大祭では衣冠と呼ばれる装

束を用い、小祭では狩衣や浄衣と呼ばれる衣服を用います。

神社で用いる装束は、古く律令官人の服制に由来がありますので、古代の装束から見ていきましょう。

◆ 官人と服制

風俗博物館ホームページ

装束はたんなるファッションではありません。装束は「身分や立場を明示もしくは可視化する機能」を有している点が重要です。律令制とは、法と官庁・官人を基本とする国家体制ですが、皇族や官人の身分や立場を明示する装束とその決まりである服制は、組織を秩序立てるために必要なものでした。

日本で初めて服制が成立したのは推古朝です。推古天皇11年（603）に成立した冠位十二階は、官人の上下関係を明確にするために、官人の上下を12階級であらわしました。身分によって冠や衣服の色が異なっており、位が高い順に、紫、青、赤、黄、白、黒となっていました。冠服の色で官人の上下を区別するのは、中国の服制を参考にしています。

◆ 衣服令──律令に規定された服制

大宝元年（701）に大宝令が発布されると、皇太子、親王、諸王、諸臣などの公服（公務服）が衣服令に細かく規定されました。公服は、**礼服**、**朝服**、**制服**の三つに大別されました。

礼服は、大嘗祭や朝賀（天皇に年頭の拝賀をする儀礼）に男女の官人が着用するとされ、最も格が高い装束です。後には即位式でのみ用いられました。礼服は中国風の装束であり、即位式も近世までは中国風の様式でした。明治維新後は洋式の大礼服が制定されましたが、およそ1000年の間、中国風の装束である礼服が用いられたのです。

朝服は、位階を有している者が政務や儀式を勤めるときに着用する装束です。使用頻度が最も高い装束です。制服は、無位の者の公服です。奴婢は橡墨衣を着用していました。

律令制においては、皇族や臣下は位階で序列されており、衣服令によって、有する位階に応じて装束の色が定められました。身分に応じて定められた色を当色といい、皇太子は黄丹、親王・諸王・諸臣の一位～三位は紫、四位と五位は緋、六位と七位は緑、八位と初位は縹となっていました。身分の下位の者が上位者の当色を使用することは禁じられていました。身分に応じて用いることができない色を禁色といいます。

◆ 束帯の成立

束帯姿

　朝服や制服も、当初は中国風の様式でした。古代の日本は、中国大陸の文化を積極的に摂取して導入しました。律令制や官人の服制もその一つでした。しかしながら、中国大陸の文化は日本からすれば異国文化であるため、日本の気候や風土、価値観と乖離している部分もありました。平安時代になると、そうした部分を日本の実情に沿うように変化、発達させるようになりました。衣服にも大きな変化が見られ、束帯という装束が成立します。

　束帯は朝服であり、上衣を石帯というベルト状のもので括るところから名付けられたとされます。主に、日中の公務で用いられることから、昼装束とも言いました。10世紀中頃〜11世紀初め頃にかけて形式が整っていったと考えられています。

　束帯を基本として、布袴、衣冠、直衣などの装束に発展していきますので、束帯の皆具（装束を構成する衣服の一揃え）について、簡単に説明します。

◆ 束帯の皆具

　束帯の皆具は、次の通りです。

石帯

> 冠、袍、半臂、忘緒、下襲、衵、単、表袴、大口、石帯、魚袋、太刀、平緒、笏、帖紙、檜扇、襪、履

　これらの皆具のうち、衣冠に関係するものを説明しましょう。

　まず冠ですが、頭に被るものです。古くは冠色で身分の上下を示しましたが、天武朝からすべて黒となりました。もともとの形状は、絹の薄物で作られた頭巾で、髻をおさめた巾子を簪で挿したり縲で結んだりして頭に留めていましたが、平安時代に冠が硬化してそれらが装飾化すると、掛緒を使って頭上に安置するようになりました。冠には紋の有無があり、有紋にも、紋が繁く配置された繁文と縲に霞と呼ぶ筋のみを入れた遠文があります。縲は立縲、垂縲、巻縲などの種類があります。

立縲

垂縲

巻縲

解説

たとえさまざまな不浄を見聞きしたとしても、心を乱さず、清浄を保ちなさい。
『六根清浄大祓』室町時代後期に成立したとされる『八部祓』に収められた祓詞のひとつ。

袍の襟

盤領（首紙と蜻蛉）

袍は一番上の衣です。袍には、両腋を縫って下方に襴を付けた縫腋袍と、両腋を縫わない闕腋袍とがあります。袍の襟は詰襟形となっており、首紙という輪状のものを蜻蛉または紐で留めます。こうした襟の形状を盤領といいます。領は襟という意味です。

縫腋袍　　　　　　　　　　　闕腋袍

位階に相当する当色は、11世紀初め頃、四位以上は黒、五位は緋、六位以下は緑となりました。当色の袍を位袍、当色を考慮しない袍を雑袍といいます。位袍は束帯と衣冠の袍です。位袍は律令制下における身分区別を表示するものですから、その禁色は特に厳守されました。

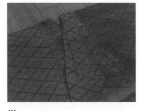

単

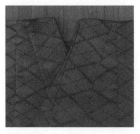

垂領の襟

単は束帯だけではなく、衣冠や狩衣などの下具としても用いられました。単は、裏地のない一重の衣であることが名の由来です。襟の形状は垂領といい、現在の着物のように、胸元で右襟の上に左襟を重ねて着ます。正面から見てy字状の襟合わせを右衽といいますが、男女同じであり、現在まで踏襲されています。

笏は、祭儀の際、威儀を正すために手に持つものです。礼服の場合は象牙で作った牙笏を用いました。その他の祭儀では、五位以上は牙笏、六位以下は木笏と定められましたが、時代が降ると、木笏を用いるのが通例となりました。笏の起源は、文字を書き付けるためのものであったとされ、平安時代以降も、祭儀の際には、笏の裏に笏紙を貼り、式次第を書き記して備忘としました。

帖紙は現在の懐紙にあたります。もともとは実用でしたが、形式化し、懐中用の飾具となりました。檜扇は檜の薄板で作られた扇で、帖紙と共に懐中します。

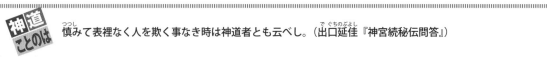

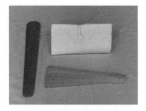

木笏（左）・帖紙（右上）・檜扇
（右下）

履とは、いわゆる「はきもの」のことです。束帯には、靴沓という、黒漆で塗りかためた皮製の深沓を用います。略儀の場合は木製黒塗りの浅沓を用いました。

靴沓

浅沓

🔶 衣冠の成立

衣冠姿

　束帯の略装に、布袴という装束があります。これは、束帯の袴である大口と表袴を下袴と奴袴にかえた装束です。奴袴は、日本で創案された袴であり、指貫または差貫とも書きます。丈が非常に長いので、通常は括緒を用いて身丈に合わせます。

　布袴をさらに略した装束が衣冠です。衣冠は、宿直（夜間、宮廷や役所に泊まって勤務すること）の際に着用されたので、宿直装束ともいいます。朝服の正装は束帯ですが、重儀以外の公務では衣冠が広く用いられるようになります。

　衣冠の皆具は、冠、縫腋袍、単、下袴、奴袴、帖紙、檜扇（夏は蝙蝠）、襪（勅許を受けた場合のみ。通常は素足）、浅沓です。衣冠の袍は当色を用いるので位袍ですが、これを雑袍にしたのが直衣です。直衣は、「直の衣」つまり私服なので、基本的に参内は許されませんでした。

　衣冠は、下袴や単を着用しない場合がありますが、単を着用する場合は衣冠単もしくは単衣冠といいます。衣冠単は、鎌倉時代の初め頃に祭儀服になったと考えられています。現在、衣冠単が神職の祭祀用の正装となっていますが、これは明治5年（1872）の太政官布告によるものです。

　現在の神職の服制の中には、礼装として斎服がありますが、これは衣冠単を白地にした装束です。斎服の場合は、冠は遠文、袴は差袴（身丈に合わせて仕立てた袴）で、檜扇は用いません。

　また、明治6年（1873）の太政官布告では、衣冠単の他に、狩衣、直垂、浄衣を祭服として用いることが許されました。現在、男性神職の常装は狩衣と浄衣とされていますので、次で説明したいと思います。

解説　慎みの心を持ち、表裏がなく、他人を欺かない人を神道者と云う。
　　　『神宮続秘伝問答』は、江戸時代前期の伊勢神宮外宮権禰宜で後期伊勢神道を大成した出口延佳の著。

狩衣姿

立烏帽子

白張姿

◇ 狩衣

　束帯や衣冠が皆具の総称であったのに対し、**狩衣**は衣の名称です。盤領で、闕腋袍を簡略にした形状をしています。袴には奴袴や差袴を用います。

　狩衣は、狩猟などに用いる軽装として、平安時代の初め頃から着用されていました。もとは布製であったため布衣ともいいました。邸内で着用する私服としても用いられていましたが、時代が降ると絹製の派手なものが登場し、社交服として用いられるようになりました。無文のものを布衣、有文のものを狩衣と区別して呼ぶようになります。色目は自由で、殿上人は、表地と裏地の色を変えて、季節ごとに重ねの色目を使い分けていました。華美になっても、狩衣はもともと軽装の略服ですから、それで参内することは許されませんでしたが、武家では礼装となっていきました。狩衣は腰に当帯をまわして結びます。

　頭には立烏帽子を用います。**烏帽子**とは「烏塗の帽子」の意であり、もともとは絹の薄物に漆を薄く塗って張りを持たせたものでしたが、次第に漆を厚く塗って硬化し、形式化されました。この形式化した烏帽子を立烏帽子といいます。烏帽子が風に吹かれた形状をそのまま固定して形式化したものは風折烏帽子といいます。基本的に、烏帽子は私的な被り物であるため、烏帽子での参内は許されませんでしたし、天皇も使用しませんでした。

　冠や烏帽子を被らない状態を露頂といい、平安時代には恥辱とされました。就寝中や入浴中も被り物を脱がないのが原則でした。

　浄衣は、狩衣と同形ですが、古くから神事に用いる白色無文の衣です。現在、狩衣と浄衣は男性神職の常装とされ、小祭や諸式において用いられています。

　また、狩衣と同形で、白布に布糊を強くつけて張りを持たせたものは**白張**と呼ばれ、神事の際には、傘持や沓持などの雑役者が着用しました。張とは、生地に糊を付けたものを指します。

　明治時代には、狩衣や浄衣とともに神事服とされた**直垂**ですが、現在は神事服としては着用されていません。もともと直垂は、垂領の庶民服であり、労働服に近いものでした。ただ、鎧の下に着用するのに便利であることから、鎌倉時代になると武家の常服となり、室町時代には礼服に準じて用いられるようになりました。室町時代の末頃から袴を長くするようになり、近世では長袴が正式となりました。

女性の装束

　男性の束帯に相当する女性の正装には、五衣・唐衣・裳があります。女性の最高位の装束で、一般に十二単と通称される装束です。天皇や皇后の側で奉仕する女房たちの装束であったために**女房装束**ともいいます。

　五衣・唐衣・裳の皆具は、髪かざり、唐衣、表着、打衣、五衣、単、打袴、裳、帖紙、大翳、襪となっています。

　平安時代は、女性は長い頭髪を垂らして引いていましたが（垂髪）、儀式や陪膳の際には髪を束ね、釵子という髪飾りや櫛を挿しました（髪上）。近世になると、髪上風の垂髪になり、これを「おすべらかし」といいます。

　唐衣は一番上に着る衣で、上半身の衣です。腰には裳を着けます。裳とは、表着の上から腰に着すものです。古くはスカート状に腰にまいていましたが、10世紀の中ごろから前方がなくなり、後方が長く延びた形状になりました。唐衣の下に表着、打衣、五衣、単を着て、打袴をはきます。五衣は、裾を長く仕立てた女性の衣を5領重ねたものです。帖紙を懐中し、大翳を手にします。大翳は女房の檜扇であり、歩行に際し、広げて顔にかざしたのが名の由来です。男性と同様、股の無い白絹の足袋である襪をはきます。

　五衣・唐衣・裳は女性の正装ですが、平常の装束は褻装束と呼ばれます。女房は、内裏に居住しているため、平常の装束といっても私服を意味するものではなく、平常の勤務服に近いものです。褻装束とされる衣には、小袿と袿があります。袿は裾を長く仕立てた女性の衣のことです。小袿は、唐衣と裳を除いた略装の際に、五衣の上に用います。華やかに織られた袿を少し小形に仕立てられていることから小袿と呼ばれます。小袿は褻装束ですが、略儀の最上着として体裁が整えられました。

　褻装束は、さらに省略されていき、肌小袖と袴に袿だけを着すようになりました。肌小袖は単の下に着るものでしたが、これが現在の和服に変化していきます。女性の衣は「平袖・長袖・長裾」が基本です。平袖とは、袖口から袖下までを縫わない、開いた状態の袖です。一方、肌小袖の袖は筒状の筒袖です。和服は袖口が広いように見えますが、広いのは袂であり、形状は肌小袖と同じ筒袖です。

　袿と袴からなる装束を**袿袴**といいますが、戦後から昭和62年（1987）まで、女性神職の正装は、袿と差袴の組み合わせでした。また、女性神職の常装は、**水干**が用いられていました。水干は、ともとは男性の略装です。狩衣と同じく盤領闕腋であり、一般庶民の服でした。狩衣と異なるのは、袴の下に着込

五衣・唐衣・裳姿
〔平安装束体験所提供〕

神職袿袴姿

めて着用する点です。

◆ 小忌衣

古代から神事に使用されるものに、**小忌衣**があります。小忌とは斎戒のことで、祭りの前に行うべき慎みを意味します。小忌衣は、斎戒を厳重にした者が着用する、神事用の神聖な衣です。大嘗祭、新嘗祭、神今食に供奉する官人が着用しました。束帯などの盤領の装束の上に用いる垂領の衣です。白絹または白麻の裂地に青摺（山藍の葉汁）で文様が描かれ、肩には赤紐が付けられます。大嘗祭や新嘗祭では、冠に蘿を付けました。現在、男性装束で小忌衣を用いるのは大嘗祭のみです。

女性で小忌衣を用いるのは采女でした。采女とは、天皇や皇后に奉仕した女官であり、通常は給仕を主としました。采女装束は、衣に青海波の模様が入っているのが特徴です。近代以降は、大嘗祭や新嘗祭において配膳役となった女官が、采女装束と小忌衣を用いています。

◆ 天皇の神事装束

平成31・令和元年（2019）に、改元、即位式、大嘗祭が行われました。これら御大礼に際し、新天皇は様々な装束を着して儀式に臨みました。ここでは、天皇の装束について説明していきます。

近世までの天皇の装束は、礼服である冕服、束帯である**黄櫨染御袍**、日常着である御引直衣でした。天皇は内裏で生活するため、その装束はすべて公服であり、私服はありませんでした。そのため、在位中、天皇は冠のみを用いて烏帽子は被りませんでした。

近世まで、即位式に臨む天皇の礼服は、袞冕十二章が用いられました。衣の左右の袖に袞竜の文様があるので袞衣と呼ばれました。冠には冕冠と呼ばれるものが用いられました。また、礼服には十二章（12の文様）が刺繍されていました。

黄櫨染御袍は、大儀に用いる天皇の束帯です。袍が天皇のみに用いられた黄櫨色であるのが名称の由来です。袍には、桐・竹・鳳凰・麒麟の文様があります。現在は即位式で用いられています。

直衣は、天皇や公家が日常に用いた服ですが、天皇の直衣は御引直衣といいます。屋内用の装束であり、内裏の清涼殿内のみ着用しました。毎日御拝などの清涼殿内の行事に用いられました。現在は、御大礼の勅使発遣の際に用いられています。

また、天皇が祭事に臨む際に着用する装束には、御祭服と帛衣が用いられ

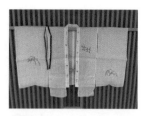

小忌衣

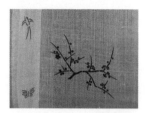

青摺で描かれた小忌衣の文様

黄櫨染御袍
〔宮内庁ホームページ〕

御引直衣
〔宮内庁ホームページ〕

ました。

　帛衣は、天皇が神事に臨む際、渡御において着用する装束で、白の平絹で無裏の袍のため、帛衣といいます。帛御衣、帛御服とも呼びます。

　御祭服は、天皇が大嘗祭の悠紀・主基両殿の儀と新嘗祭の儀のみに用いる装束で、斎服とも書きます。御祭服の冠は御幘です。御幘とは、纓を巾子とともに白平絹の細帯で束ねた状態のものです。御祭服の袍は、基本的に闕腋でありながら、縫腋のように裾に襴が廻された独特の形状です。

帛衣
〔宮内庁ホームページ〕

◆ 衣紋道とは

　ここまで装束の説明をしてきましたが、これら装束の着装順序、着装技術、装束の製作仕様などを総称して**衣紋道**といいます。

御幘

　古代には、特別な着装技術は必要なかったとされています。その理由としては、古くは装束が柔らかく、装束を着す者が簡単に着ることができたためです。こうした柔らかな装束を柔装束といいます。

　平安時代の末頃、装束は、布地に糊をきかせて固く張った形に工夫されるようになります。こうした固い布地の装束を強装束といいます。強装束は固い布地の装束であるため、自身で着ることが困難で、他者によって着装されるようになりました。このように、衣紋道の成立には、強装束の発生が関係しています。ちなみに、衣紋道において、装束を着る者を**御方**、着付ける者を**衣紋者**と呼び、御方に対して、前衣紋者と後衣紋者の二人が奉仕するのが正式とされます。

御幘（裏）

　強装束は、12世紀前半の鳥羽天皇の頃に発生し、**源 有仁**が大きく関わったとされています。『神皇正統記』には、鳥羽天皇は華美や派手が好みであり、源有仁とともに装束や烏帽子を固くした強装束を流行らせていった、とあります。そのため、現在でも衣紋道の開祖を源有仁としています。

　源有仁の死後、衣紋道は大炊御門家と徳大寺家に伝承されました。さらに、大炊御門家に伝わった衣紋道は高倉家に継承され、徳大寺家に伝わった衣紋道は山科家に伝わりました。こうして衣紋道は、明治時代まで、高倉家と山科家の両家に世襲されていきました。

　明治時代になると、世襲の風習が廃止され、高倉家と山科家が家職として世襲してきた衣紋道は断絶されます。ただし、賀茂祭、石清水祭、春日祭などの勅祭においては、束帯以下の装束は、高倉・山科両流派によって着装され、現在まで継承されています。また、昭和・平成・令和の御大礼においても、即位礼や大嘗祭などの御大礼における天皇の装束は、高倉・山科両流派

強装束
画像は束帯姿の伝源頼朝像。

解説　朝夕の食事の度に、食べ物の守り神である豊宇気の神の恵みを思いなさい、世の人よ。
『玉鉾百首』は本居宣長の歌集。宣長の『古事記伝』等で述べられる古道論が歌に詠まれている。

の宗家によって着装されています。例えば、即位礼が高倉流ならば、大嘗祭は山科流といった具合です。

宮廷の古儀は、現在なお継承されています。こうした重儀の継承は、儀式には欠かせない装束や衣紋道の伝統も保持しているのです。

◆ 儀式の中絶と古儀の復興

室町時代になると、応仁の乱により、京洛は戦乱に巻き込まれ、朝廷はさらに力を失いました。朝廷の儀式は中絶や廃絶してしまうものが多く、その際に着用する装束も多くは省略され、簡易的なものになっていきました。天皇の束帯である黄櫨染御袍も中絶するほどでした。

黄櫨染御袍が復興されるのは近世です。江戸時代に入って世情が安定してくると、有職研究も盛んとなり、賀茂祭の再興をはじめ、朝儀も復活していきました。

幕末になると、再び世情は混乱しますが、国学の振興などによって、内裏の新造をはじめとして、朝儀、装束、調度の再興が進みました。

ただし、復興した朝儀・装束・調度のなかには、資料の多寡によって忠実に古式を復原できたものと、形式的にしか復原できなかったものとがありました。有職研究においては、中絶の時期があるということを念頭に置き、どの程度古式を伝えているのかということを考慮する必要があります。

表　神職の祭祀服装に関する規程

区別	服制（男性）	服制（女性）	着用別
正装	衣冠単（冠・縫腋袍・単・奴袴・木笏・檜扇・帖紙・浅沓）	袿・袴 ⇩ 釵子・唐衣・表着・単・切袴・檜扇・帖紙・浅沓	大祭、もしくは天皇・三后（皇后・太皇太后・皇太后）・皇太子・皇太孫ご参拝の場合
礼装	斎服（冠・縫腋袍・単・差袴・木笏・帖紙・浅沓）	袿・袴または水干 ⇩ 釵子・表着・単・切袴・檜扇・帖紙・浅沓	中祭
常装	狩衣（烏帽子・狩衣・単（略あり）・奴袴（差袴可）・木笏・浅沓）	水干 ⇩ 額当・表着・単（略あり）・切袴・ボンボリ・浅沓	小祭、神社の恒例式
	浄衣 （烏帽子・浄衣・奴袴（差袴可）・木笏・浅沓）	水干 ⇩ 額当・表着・単（略あり）・切袴・ボンボリ・浅沓	

善しと思ひて為ることも実には悪く、悪しゝと思ひて禁ずることも実には然らず。（本居宣長『玉くしげ』）

現在の神職の服制

　現在、神社本庁の包括下にある神社の神職は、「神職の祭祀服装に関する規程」にしたがって装束を用いています。

　神職には身分があり、上から特級、一級、二級上、二級、三級、四級となっています。

　男性神職の場合、衣冠単の袍色が特級と一級は黒、二級上と二級は赤、三・四級は緑であり、袴色が特級は白（紋あり）、一級と二級上は紫（紋あり）、二級は紫（紋なし）、三・四級は浅黄です。冠は、特級〜二級は繁文であり、三・四級は遠文です。常装では、袴色で区別します。ただし、白を用いる斎服や浄衣においては、身分における違いはほとんどありません。

　女性の神職の服制は、昭和62年（1987）に新たに祭祀服制が制定されました。これは、従前のものが裾長で、祭典奉仕の実態に即さないものであったため、より実態に即したものに変更されたのです。正装の皆具は、釵子、唐衣、表着、単、切袴、檜扇、帖紙、浅沓となっています。唐衣は正装のみ用います。表着は「うえのきぬ」ともいい、重ね着の最上衣のことです。唐衣や表着は、身分に応じた色目はなく、適宜とされます。常装では、釵子が額当に、檜扇がボンボリになります。女性神職の新たな装束は、采女装束に近いものであり、動きやすいように工夫されています。

女子神職（現在）

檜扇

　女性神職の袴色は、男性神職と同様、特級は白（紋あり）、一級と二級上は紫（紋あり）、二級は紫（紋なし）、三・四級は浅黄となっています。

巫女装束

巫女装束

　巫女とは、神職とは別に、神社で奉仕する女性のことです。巫女の装束には、特に規定がありませんが、白衣に緋袴を着るのが一般的です。股がないスカートの形状をした袴を用いることが多いです。巫女舞などで用いる千早は、小忌衣と同じく、垂領の白い衣に青摺で文様が描かれています。

解説　善いと思ってすることが悪いこともあり、悪いと思ってやらないことが、実はそうでないかもしれない。謙虚な心をもちなさい。『玉くしげ』は本居宣長が献上した意見書。

神社の調度

　古代より神を祀る場がありますが、必ずそこには道具類や器具類が祀りの場に配され、用いられてきました。これを**調度**といいます。さらに神祀りの場の設営や装束、調度の設えのことを装束といいます。

　神社の社殿に用いる調度として、塀障具、装飾具、祭器具、神宝、神体、神座などがあります。ここでは、調度のなかで最も中核となる神体と神座について見ていきましょう。

◆ 神体

　神霊を象徴する清浄な物体、または神霊の依代となる特定の物体のことを**御神体**と呼びます。御神体は**御霊代**とも称し、神社では最も神聖なものとして、本殿の奥深くの空間に丁重に奉安され、どのような場合においても人々に広く拝観されることはありません。

　御神体は、様々な様式がありますが、特に御鏡、御剣、御玉を奉安する神社の例が多く見られ、これは、記紀神話に登場する三種の神器に準拠していると考えられています。

　また、神の姿を象った神像を御神体とする例も見られます。もともと日本の神々は、その姿を表現されることはありませんでしたが、仏教文化における仏像の影響を受けて奈良時代後期頃より神像がつくられるようになりました。当初は、大衣の上に袈裟を着けた僧形のものが多く、後に仏像的な要素が払拭された当時の貴族の礼装を着けた俗体の神像が形成されるようになります。俗体の男神像の姿は、頭には冠をかぶり朝廷で着用が定められていた上着である袍を着け、女神像の姿は長い髪を垂らし大袖の上に背子を着け裳をまとうものが多く見られます。その後、室町時代以降には民間信仰と結びつき多様な像がつくられましたが、明治時代になると、仏教的要素のあるものについては除かれました。

　この他、山や岩、石、滝など自然そのものを御神体とすることもあり、本殿を設けない場合もあります。

◆ 神座

　多くの神社では、本殿がありますが、その殿内には御霊代を奉安するための**神座**があります。神座は、神社の建築様式によって様々な種類が見られます。代表的なものとして、流造では御帳台、神明造の御玉奈井、権現造には御櫃が挙げられます。

男神像
〔國學院大學博物館蔵〕

女神像
〔國學院大學博物館蔵〕

　では、これらの形式のなかで全国の神社の半数以上を占める流造に多く見られる**御帳台**について触れ、実際の神座の構造を見ていきましょう。

　御帳台の構造は、一番下に薦、その上に黒漆塗の御浜床と厚畳を敷き、そこに骨組みとなる帳骨を立てます。さらに天井を付け、その天井の上に格天井を設え、白絹を張ります。その上を被絹で覆い、最上には井桁の押木を置きます。天井から床にかけて帷と野筋を四方に垂らします。このような設えによって御帳台の大まかな構造が見えてきましたが、さらに最も中心部分には、御座を設けます。具体的に見ていくと、まず厚畳の上に八枚の畳を重ねた**八重畳**、次に藺草でできた敷物縁に藍・黄色などの竜の刺繍をあしらった**竜鬢**、一番上には神霊が座すための敷物である**御茵**を敷きます。この御茵の上に御霊代の入った辛櫃・御船代を奉安し、御衾という布で覆います。

　御帳台は、もともと平安時代の寝殿造の広間に設けられた構えで貴人の寝室や昼間の座所として用いられており、これが神座の様式に影響を与えたと考えられています。

御帳台
〔國學院大學博物館蔵〕

竜鬢
〔國學院大學博物館蔵〕

御茵
〔國學院大學博物館蔵〕

｜事後学修｜

現在、全国の神社の神職が身に着ける装束にはどのような種類があるでしょうか。また、その装束の歴史についても確認してみましょう。

神社建築 ——本殿の代表的な建築様式

　神社で祭神を祀る建物を本殿と呼びます。祭神の違いなどにより、本殿の形式はさまざまで、古代の高床式建築の流れを汲むものから、仏教の影響を受けたものまであります。ここでは代表的なものを紹介します。

神社建築の基本用語

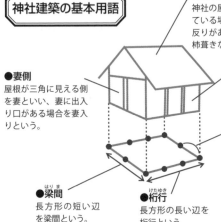

●切妻造（きりづまづくり）
神社の屋根の基本型。上から見ると長方形に見える。向拝とよばれる庇がついている場合は大小の長方形を組み合わせた形になることもある。様式によって反りがあるものとないものがある。特徴的な屋根材としては茅葺き、檜皮葺き、柿葺きなどがある。

●妻側
屋根が三角に見える側を妻といい、妻に出入り口がある場合を妻入りという。

●平側
屋根の平らな面が見える側を平といい、平に出入り口がある場合を平入りという。

●間（けん）
柱と柱のあいだを間という。本殿の規模は正面入口の間数で表され、一間社、三間社、五間社などがある。この図では桁行三間、梁間二間の平入り三間社となる。一間の幅は現代建築と同じ1.8mのものもあるが、必ずしも一定ではない。

●梁間（はりま）
長方形の短い辺を梁間という。

●桁行（けたゆき）
長方形の長い辺を桁行という。

千木の形状

内削ぎ

外削ぎ

神明造（しんめいづくり）

模型は伊勢神宮の豊受大神宮（外宮）

切妻造、平入り、屋根は茅葺きで反りがない。
高貴の象徴である千木と堅魚木を頂く。
一般の神明造りは全国に分布するが、伊勢神宮の内宮・外宮は唯一神明造りと呼ばれる。

●堅魚木（かつおぎ）
神宮外宮は9本、内宮は10本である。

神宮の式年遷宮の上棟式祭。「おー」と声を出しながら、棟木を打ち固める。（神宮司庁提供）

神宮の式年遷宮の立柱祭。ヒノキの柱を木槌で打ち固める。（神宮司庁提供）

●掘立柱（ほったてばしら）
直接地面に掘り建てる柱。神明造りでは棟木とは別に両側に二柱の棟持柱がある。

●千木（ちぎ）
屋根上で交叉する二本の木で、堅魚木とともに高貴と神聖を象徴する。神明造りでは屋根材の延長だが、それ以外の様式では屋根の上に置かれている。豊受大御神（とようけおおみかみ）を祀る神宮の外宮は外削ぎ、天照大御神（あまてらすおおみかみ）を祀る内宮は内削ぎである。男神を祀る場合は外削ぎ、女神を祀る場合は内削ぎとされるが俗説である。

流造（ながれづくり）

模型は賀茂別雷神社

切妻造、平入り。正面入口側の屋根が長く伸びている。屋根の本体部分を身舎、張り出した部分を向拝（庇）とよぶ。千木と堅魚木はないのが典型的。全国に分布し、神社本殿の半分以上を占める。

春日造（かすがづくり）

模型は春日大社

切妻造、妻入り、屋根は反っている。正面に向拝がついている。春日大社をはじめ、一間社がほとんど。

住吉造（すみよしづくり）

模型は住吉大社

切妻造、妻入り。柱は朱色、壁は白く塗られる。建物内の間取りは大嘗宮と類似する。

大社造（たいしゃづくり）

模型は出雲大社

弥生時代の土器に類似する建物が描かれている。切妻造、妻入。妻の中央に宇豆柱とよばれる棟持柱があるため、出入口は中央ではなく右か左に寄っている。

八幡造（はちまんづくり）

模型は宇佐神宮

切妻造、平入り。奥を内殿、手前を外殿とよび、内部はつながっている。外殿側に向拝がつき、千木と堅魚木はないのが典型的。

神社模型写真：島根県古代出雲歴史博物館提供（監修：黒田龍二）

鳥居──最初に出会う神社の建造物

鳥居とは？

私たちが神社にお参りする際、最初に出会う神社の建造物は参道に立つ鳥居です。鳥居は人々の暮らす住居に例えれば、門や扉にあたるもので、まさに神社の入り口ともいえる存在といえます。また、神社を示す地図記号ともなっていますので、その点でもまさに鳥居は神社の象徴の一つです。

２系統の鳥居

一見すると２本の縦柱と２本の横木からなる簡潔かつ不可思議な形をした鳥居は、どれも同じように見えますが、実は台石の有無や、鳥居の材質、細部の形状などで異なった点が多くあります。また、そのような差異を含めると、実は建造物としては約60余種類にも分類することができます。また、同一の神社の境内のなかに別の系統や型式の鳥居が混在し、３種類以上になることもあります。

鳥居は、さきほど述べたような細かな差異による分類もできますが、大きくは

①**神明系鳥居（神明鳥居）**
②**明神系鳥居（明神鳥居）**

という２種類の系統に分けることができ、そこか

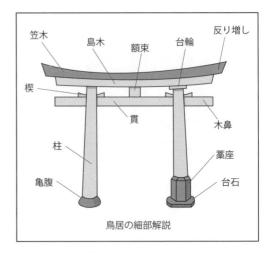

鳥居の細部解説

ら細かく種類が枝分かれしています。そこで、まずはこの２種類の系統の違いについて紹介しておきましょう。

神明系鳥居（神明鳥居）

神明系鳥居の特徴は、**笠木**と呼ばれる鳥居の一番上の横木に反り増しがなく、笠木の下に**島木**と呼ばれる木が置かれていない構造で、横の２本は横木と貫（木鼻となって縦の柱を突き抜ける場合あり）のみです。

神明系鳥居の代表的なものには、全国各地の神明神社（神明宮・天祖神社）などにみられる**神明鳥居**をはじめとして、笠木が五角形の**伊勢鳥居**、貫の断面が長方形の**靖国鳥居**、茨城県の鹿島神宮にみられる**鹿島鳥居**、京都の野宮神社の**黒木鳥居**、宗忠神社の**宗忠鳥居**などがあります。

伊勢鳥居（兵庫県・生田神社）
この鳥居はもとは内宮宇治橋にあったもの

明神系鳥居（明神鳥居）

　明神系鳥居の特徴は、笠木の下に横柱である島木があるもので、神社の鳥居のなかでは最もポピュラーな鳥居として知られています。

　明神鳥居の系統のなかで、代表的なものに奈良の春日大社の春日鳥居、各地の八幡神社に多くみられる**八幡鳥居**、春日鳥居の変化形にあたる**唐破風鳥居**、大阪の住吉大社にみられる**住吉鳥居**（住吉角鳥居）などがあります。変わったものには、明神鳥居を三つ接合した**三柱鳥居**といった型式もあります。

　明神鳥居は最も神社の鳥居として用いられていることから、その変化形としてさまざまな形式の鳥居が生み出されました。例えば、広島の宮島に浮かぶ厳島神社の鳥居のように、縦２本の鳥居の柱の前後に稚児柱とよばれる柱が付属する**両部鳥居**と呼ばれる型式も明神鳥居の変化形です。また、奈良県の大神神社の拝殿奥にある**三輪鳥居**のように明神鳥居の左右に脇鳥居が付く型式や、**山王鳥居**と呼ばれる明神鳥居の笠木の上に三角形の装飾が付く型式があります。加えて、岡山県内北

明神鳥居（京都府・藤森神社）

部の神社には、中山神社の鳥居に代表されるように明神鳥居の木鼻がない中山鳥居と呼ばれている鳥居が建立されている事例が多く、特定の地域にのみ多く建立されているような鳥居の型式もあります。

　なお、鳥居の系統や種類はそれぞれの神社の信仰系統（伊勢・春日・靖国・鹿島など）ともかかわる場合もありますが、神社の境内にある鳥居の型式だけで神社に祀られている祭神や神社の系統を即座に判別することはできないことに注意が必要です。

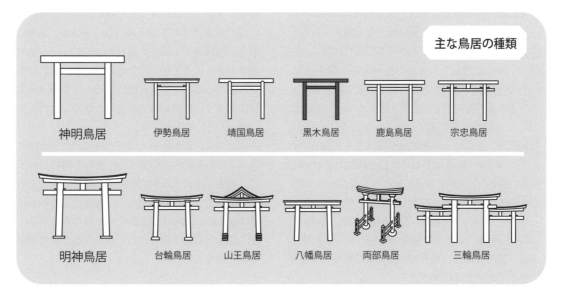

主な鳥居の種類

神明鳥居　　伊勢鳥居　　靖国鳥居　　黒木鳥居　　鹿島鳥居　　宗忠鳥居

明神鳥居　　台輪鳥居　　山王鳥居　　八幡鳥居　　両部鳥居　　三輪鳥居

狛犬 —— 神様をお守りする神の使い

狛犬とは？

　狛犬は、拝殿の前や参道の入り口、鳥居の脇などに置かれており、邪気を祓うとともに神を守護する神の使い（神使）の一種と考えられています。また、その起源については色々な説がありますが、主としてエジプトや中央アジア、インド周辺に伝わっていた「獅子」にルーツがあるのではないかと考えられています。

狛犬（左）と獅子（右）

狛犬の名前の由来

　中国から朝鮮半島の高麗を経てわが国に伝来したため、「高麗犬」と称していたものがのちに「狛犬」の漢字をあてるようになったと考えられています。また、狛犬が伝わった平安時代には、左右別々の霊獣でした。そのため一方が「獅子」で、もう一方が「狛犬」と呼ばれることもあります。

　おもに口を開けて吠えているのが獅子、口を閉じたもので角が生えているのが狛犬です（なお、時代が下るにつれて角がない狛犬も多く建立されています）。狛犬がそれぞれ口を開閉しているのは、古代インド語である梵語（サンスクリット語）に由来する「阿吽」を示したものと考えられています。「阿吽」の「阿」は梵語で最初の音にあたり、「吽」は同じく梵語の最後の音で、インド哲学では「阿吽」の二つで万物の始まりと終わりの原理を示すとされています。

　現在、私たちが神社でみる狛犬は石製のものが多いですが、地方によっては備前焼などの陶器製の狛犬が据えられているようなケースや、青銅・鉄など金属製のもの、大理石やコンクリート製の狛犬が据えられている神社もあります。また、時代が古くなるほど狛犬には木製のものが多い傾向にあります。これは狛犬が当初、拝殿などの屋内に置かれていたためです。

　狛犬には、いわゆる犬の「お座り」の形で据えられているものも多いですが、今にも飛びかかろうと威嚇するような形のものや、親子で据えられているもの、鞠を抱いたもの、鞠を足で踏みつけているもの、お城や民家の屋根に置かれるシャチホコのように海老反りになったものなど様々な形があります。

代わり種の狛犬？ —さまざまな神の使い—

　祀られている神々の由緒や逸話にちなんで境内に据えられている**神使**（神の意志を伝える使者とされる鳥獣・虫魚のこと）や**眷属**と呼ばれる動物や霊獣がいます。

　これらの神使・眷属は神社に祀られるご祭神と何らかの由緒をもっており、神社によっては狛犬にかわって神前を守るものとして境内に据えているケースがあります。こうした神使を信仰することを**眷属信仰**と呼んでいます。

　著名なものでは、稲荷神社では狐が狛犬のように一対で拝殿前や鳥居脇に据えられています。また、全国各地の天神宮、天満神社の多くでは、ご祭神である菅原道真公が牛にちなむ由緒を持つことから寝そべった牛の像（臥牛像）が境内に置かれています。

これら以外にも、

　　賀露神社（鳥取）……虎（寅）
　　日枝神社（東京）・日吉大社（滋賀）……猿（申）
　　護王神社（京都）……猪（亥）
　　春日大社（奈良）……鹿
　　秩父神社（埼玉）…… 梟
　　住吉大社（大阪）……兎
　　二見興玉神社（三重）……蛙
　　石清水八幡宮（京都）……鳩
　　熊野本宮大社（和歌山）……烏
　　三嶋大社（静岡）……鰻

などがあります。

　みなさんも神社を訪れた際には、神社ごとに違う狛犬や神使の違いを楽しんでみてください。

伏見稲荷大社楼門前の狐

北野天満宮境内の臥牛

二見興玉神社の神使の蛙

神道を学ぶための主な基本文献

事典・辞典

國學院大學日本文化研究所 編『神道事典』弘文堂　1994（縮刷版 1999）

神社新報社 編『改訂増補　日本神名辞典』神社新報社　2001

薗田稔・橋本政宣 編『神道史大辞典』吉川弘文館　2004

岡田米夫『日本史小百科　神社』東京堂出版　1993

伊藤聡・遠藤潤・松尾恒一・森瑞枝『日本史小百科　神道』東京堂出版　2002

岡田荘司・笹生衛 編『事典 神社の歴史と祭り』吉川弘文館　2013

岡田荘司 編『事典 古代の祭祀と年中行事』吉川弘文館　2019

小野和輝 監修・禮典研究會 編『神葬祭総合大事典』雄山閣　2000

『神仏信仰事典シリーズ』1 ～ 10　戎光祥出版　1998 ～ 2006

概説書

石井研士 編『神道はどこへいくか』ぺりかん社　2010

伊藤聡・門屋温 監修／新井大祐・鈴木英之・大東敬明・平沢卓也 編『中世神道入門 ──カミとホトケの織りなす世界』勉誠出版　2022

井上順孝『神道入門 ──日本人にとって神とは何か』（平凡社新書）平凡社　2006

岡田荘司・小林宣彦 編『日本神道史（増補新版）』吉川弘文館　2021

加瀬直弥『古代の神社と神職 ──神をまつる人びと』（歴史文化ライブラリー）吉川弘文館　2018

國學院大學日本文化研究所 編『歴史で読む国学』ぺりかん社　2022

阪本是丸『神道と学問』(神社新報ブックス) 神社新報社　2015

笹生衛『神と死者の考古学 ──古代のまつりと信仰』（歴史文化ライブラリー）吉川弘文館　2015

神社本庁教学研究所 監修『神道いろは ──神社とまつりの基礎知識』神社新報社　2004

神社本庁総合研究所 編『増補　わかりやすい神道の歴史』神社新報社　2022

平藤喜久子『日本の神様　解剖図鑑』エクスナレッジ　2018

平藤喜久子『神話でたどる日本の神々』（ちくまプリマ―新書）筑摩書房　2021

平藤喜久子『「神話」の歩き方 ──古事記・日本書紀の物語を体感できる風景・神社案内』集英社　2022

藤本頼生『神社と神様がよ～くわかる本』秀和システム　2014

藤本頼生『よくわかる皇室制度』神社新報社　2017

藤本頼生 編著『鳥居大図鑑』グラフィック社　2019

茂木貞純『神道と祭りの伝統』（神社新報ブックス）神社新報社　2018

参考書・テキスト

國學院大學日本文化研究所 編『神道要語集』祭祀篇・宗教篇　神道文化会　2013

神社本庁 監修／日本文化興隆財団 企画『神社検定公式テキスト』1 ～ 11　扶桑社　2012 ～ 2017

著者●
（掲載順）

松本　久史	まつもと　ひさし	國學院大學神道文化学部教授
武田　秀章	たけだ　ひであき	國學院大學神道文化学部教授
平藤喜久子	ひらふじ　きくこ	國學院大學神道文化学部教授
笹生　衛	さそう　まもる	國學院大學神道文化学部教授
加瀬　直弥	かせ　なおや	國學院大學神道文化学部教授
エリック　シッケタンツ Erik Schicketanz		國學院大學神道文化学部准教授
遠藤　潤	えんどう　じゅん	國學院大學神道文化学部教授
西岡　和彦	にしおか　かずひこ	國學院大學神道文化学部教授
菅　浩二	すが　こうじ	國學院大學神道文化学部教授
藤本　頼生	ふじもと　よりお	國學院大學神道文化学部教授
黒﨑　浩行	くろさき　ひろゆき	國學院大學神道文化学部教授
石井　研士	いしい　けんじ	國學院大學神道文化学部教授
柏木　亨介	かしわぎ　きょうすけ	國學院大學神道文化学部准教授
大道　晴香	おおみち　はるか	國學院大學神道文化学部准教授
茂木　貞純	もてぎ　さだすみ	國學院大學名誉教授
星野　光樹	ほしの　みつしげ	國學院大學神道文化学部准教授
小林　宣彦	こばやし　のりひこ	國學院大學神道文化学部教授
鈴木　聡子	すずき　さとこ	國學院大學神道文化学部准教授

編集担当●　齊藤　智朗　さいとう　ともお　國學院大學研究開発推進機構准教授

編集協力●　庄野　啓太　しょうの　けいた　元國學院大學神道文化学部学務補助員

プレステップ神道学〈第 2 版〉

2011(平成 23)年 5 月 15 日　初　版 1 刷発行
2022(令和　4)年 5 月 15 日　　同　15 刷発行
2023(令和　5)年 2 月 28 日　第 2 版 1 刷発行
2024(令和　6)年 11 月 30 日　　同　4 刷発行

編　者　國學院大學神道文化学部

発行者　鯉渕　友南

発行所　株式
　　　　会社　弘文堂　　101 - 0062　東京都千代田区神田駿河台 1 の 7
　　　　　　　　　　　　TEL 03(3294)4801　　振替 00120 - 6 - 53909
　　　　　　　　　　　　　　　　　　　　https://www.koubundou.co.jp

デザイン・イラスト　高嶋良枝
印　刷　三報社印刷
製　本　三報社印刷

ISBN978-4-335-00156-7